Karl-Dieter Keim

ZEITEN DES SCHWINDELS

Erzählung

Shaker Media

Karl-Dieter Keim

ZEITEN DES SCHWINDELS

Erzählung

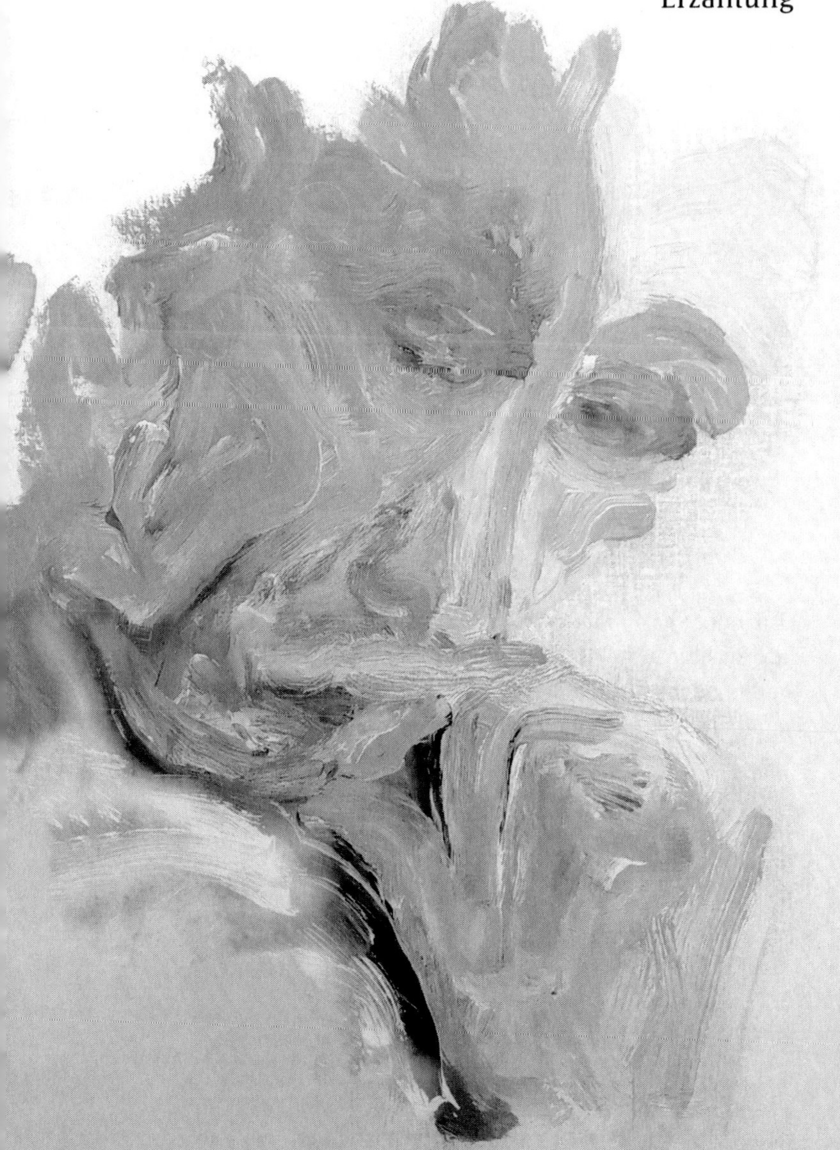

Shaker Media

BIBLIOGRAFISCHE INFORMATION DER DEUTSCHEN NATIONALBIBLIOTHEK

Die Deutsche Nationalbibliothek verzeichnet diese Publikation in der Deutschen Nationalbibliografie; detaillierte bibliografische Daten sind im Internet über http://dnb.d-nb.de abrufbar.

Gestaltung: Caroline Gärtner, carolinegaertner@posteo.de
Titelillustration ‚Der Sinnierende' © Michael Charlton, 2024

Printed in Germany.

ISBN 978-3-98903-013-8

Shaker Media GmbH • Am Langen Graben 15a • 52353 Düren
Telefon: 02421 / 99 0 11 - 40 • Telefax: 02421 / 99 0 11 - 49
Internet: www.shaker-media.de • E-Mail: info@shaker-media.de

„Etwas von der Zeit retten, in der man nie wieder sein wird.“ Annie Ernaux

„Niemand sah den Stein ins Wasser fallen, langsam verbreiten die Kreise die Botschaft.“ André Chademony

INHALT

ENTRÉE

Als André Hornschuh nach den Prozeduren im Krankenhaus zögernd ins Freie tritt und immer noch fassungslos den Anlass begreifen will, warum er hier gestrandet war, trifft ihn die gleißende Helligkeit wie ein Schlag, so dass er sie mit dem linken Arm abzuwehren versucht und beharrlich einen Weg einschlägt, der Schatten verspricht. Er macht die ersten vagen Probeschritte, sucht auf Augenhöhe das nächste Geländer, dahinter eine Absperrung, dann die Hauswand. So haben sie's ihm geraten: Schauen Sie nach fixierbaren Punkten, die notfalls herhalten können, das gibt Sicherheit.

Die Luft flimmert, ein Frühlingstag. Er will nicht schnell in der Wohnung aufkreuzen, dann hätte er ein Taxi nehmen können. Er will sich zuerst sammeln, zu sich kommen, das geht zu Fuß viel besser. Schon ist das Geländer zu Ende, dann zwei Häuser mit einem Blumenladen und weiter vorne einige Sträucher, das passt ihm gar nicht, ebenso wenig die Ampel, wie soll er hier schon über die Straße kommen? Also weiterstapfen.

Er spürt, wie der Schrecken noch in ihm sitzt, ihn kann er nicht einfach beiseiteschieben. Doch mit jedem weiteren Schritt ist's ihm, als mache er sich leise davon – ein kleines Glücksgefühl, ein leichtes Aufbäumen. Kann er freikommen? Das Geschehene lähmt, er bangt um seine Kräfte, sein Gleichgewicht wurde fehlgeleitet, aber wodurch genau? Die Manschette, seine digitale Begleiterin auf Probe, liegt wohlverwahrt im kleinen Rucksack.

Nach etwa zehn Minuten findet er einen geeigneten Stein, am Rande des Parks, mit Schatten. Er entdeckt etwas Moos und ein paar Flechten darauf, lässt sich nieder. Er öffnet den zweiten Hemdknopf, wischt sich Stirn und Hals mit dem Taschentuch, versucht ruhiger zu atmen. Der Stein unter ihm hat sogar etwas

Wärme gespeichert. Passanten ziehen an ihm vorüber, plaudernde Frauen, ein paar Einzelgänger, Kinder mit ihrem Fahrrad. Sie alle widmen ihm weder Blicke noch eine Bemerkung, auch die Älteren nicht. Fremd sein und reserviert, das herrscht vor in der großen Stadt, es wundert ihn nicht.

Er versucht sich weiter zu sammeln, sitzt in Gedanken versunken, als er plötzlich eine nahe Stimme hört: Entschuldigung, ist alles in Ordnung bei Ihnen? Eine Frau neigt sich etwas herab, mustert ihn, lächelt. Doch, doch, murmelt er, ich komme zurecht, danke. Aber blass sind Sie schon, können Sie aufstehen? Sie bleibt dran. Er hebt den Kopf, die jüngere, dunkelhaarige Fremde lächelt, er sieht zwei zimtfarbene Augen auf sich gerichtet, schön sind sie.

Da wird sie zu seinem Gegenüber, kennt sie ihn etwa? Was bezweckt sie, indem sie nachfragt? Er spürt jähes Misstrauen in sich aufsteigen. Und er schämt sich, so geschwächt dazusitzen, wie ein alter Mann. Etwas ist an ihr, etwas, das ihn anspricht, sein Blick wird aufmerksamer.

Sie redet leise weiter: Probleme mit den Beinen? Ein Schluck Wasser? Er schweigt. Ihm wird bewusst, dass jetzt gerade das Reservierte und Gleichgültige der Großstadt widerlegt wird, und hat keine Ahnung, ob ihm das gefällt. Er rutscht leicht nach vorne, als wolle er aufstehen. Nein, nein, redet sie ihm energisch zu, bleiben Sie bitte noch sitzen, bin gleich wieder da. Sie dreht sich um und ist im Nu weg, und schon weiß er, dass er gerne auf sie warten wird.

Seltsame Begegnung. Er hängt den Bildern nach, wie er das Ganze in der Klinik erlebt hat, dieses Warten, diese Laborwerte, diese Papiere! Ob zu seinem Schwindel tatsächlich er selbst beigetragen hat, wegen einer Funktionsschwäche, wegen seiner Halswirbel oder seiner Augen? So ähnlich klangen die ärztlichen Hinweise. Für ihn war aber das tiefe Erschrecken entscheidend, also eine jähe Störung von außen. Und als hätte sich etwas Ungutes in ihm angestaut und dann entladen, als habe sich Schwindliges schon in seinem Tun eingenistet, ohne dass er es merkte. Er bleibt ratlos.

Die Passanten, meist geschäftig, ignorieren ihn weiter. Plötzlich neben ihm ein hell-spitzes Lachen, und ihre Stimme ruft: Da sitzt ja mein Findling! Ein Stück weiter gibt's noch so einen Stein, der war unbewohnt. Und sie hält ihm eine kleine Wasserflasche hin. Er will gar nichts weiter wissen, sondern greift zu und nimmt ein paar kräftige Schlucke. Er giert nach dem Wasser, es schmeckt nicht mineralisch. Der Findling heißt André, nuschelt er dann, und sie nickt ihm erfreut zu.

So ist's recht, sie tippt ihn an mit ihrem rechten Zeigefinger: André – willst du hier schlapp machen? Das kommt nicht in Frage, hörst du. Da hat sie recht. Deine Haltung ist zu gebückt, du traust dir selbst nicht, aber ich sag dir, du hast Reserven, ich seh's an deinen Augen und wie du das eine Bein aufstellst. Komm, trink noch was, und du sagst mir, was los ist und was du jetzt vorhast.

Er schaut sie verblüfft an, will spontan abwinken – doch dann, zu seiner eigenen Verwunderung, beginnt er zu reden, stockend: Ich bin Journalist, für eine Zeitung unterwegs. – Turbulente Tage hatte ich hier, so voll. – Der Kiezladen. – Erzählsplitter über die Berliner Zukunft. – Viele Bilder, das Geschiebe – ich darf nicht alles an mich ranlassen. Sie nickt ihm zu: Lass dir Zeit, lass dir Zeit.

Das erstaunt ihn. Zeit? Heute gab's zusätzlich eine schlimme Begegnung. Da befiel mich plötzlich ein Schwindel, ein Schwindelanfall. Die Beine kippten weg, alles purzelte durcheinander. Untersuchung in der Klinik. Bis hierher die ersten Schritte, er lächelt. Gut so, ermuntert sie ihn. Schwindel passt übrigens gut zu Berlin, darüber lästerte schon Bert Brecht. Und wie ist's jetzt im Kopf?

Mein Gewirr wird langsam wieder, seine Stimme bleibt leise. Wissen Sie, es ist so, als hätte ich Stromkabel da oben, bunt gemischt, ein ziemliches Durcheinander, ich warte auf einen Monteur, der ordnet und Bescheid weiß. André lächelt nochmals.

Da sagt sie: Strom ist ein gutes Leitwort. Und dann ganz ernsthaft: Der Monteur bist du natürlich selbst, mein Lieber! – Plötzlich wird er laut und gibt sich einen Ruck: Muss meine Tochter anrufen …

Er nestelt nach seinem Handy und wählt Ulrike an: Hör mal, mir geht's ein wenig komisch, macht es was aus, wenn ich eine Stunde später komme? Was heißt hier komisch? hakt sie sofort ein. Na ja… ich hatte einen Schwindelanfall. – Schwindelanfall? Du hörst dich an, als wärst du am Keuchen. – Es ist wieder stabil, glaub mir, ich bin unterwegs. Wir sind ja flexibel, Rike, stimmt's? – Total flexibel, das klingt höhnisch. Er spürt ihr waches Misstrauen, macht ihr die nötigen Angaben zu seinem Standort. – In einer halben Stunde, kündigt sie an. – Also dann, er drückt den roten Knopf.

Die Zimtäugige hat geduldig gewartet. Dann zieh ich mal weiter, sagt sie, wünscht heilsame Erholung, streckt ihm die Hand hin, um ihm aufzuhelfen, und er fasst zu. Als er ihr unbeholfen etwas erwidern möchte, ist sie bereits verschwunden, in seiner linken Hand liegt ein kleiner Zettel – er schließt langsam die Faust.

Vorsichtig erhebt er sich von seinem Ruhestein. Er traut sich jetzt die nächste Etappe zu, testet seinen Schritt. Im Kopf bleibt das Wirre weg, er blickt geradeaus, das hilft. Schon ist die erste Ampel geschafft. Der weitere Weg bleibt zum Glück etwas schattig. Die Richtung weiß er: vorbei an gut renovierten Wohnhäusern aus der Gründerzeit, an bunten Läden, einer Schule, er nimmt sich Zeit. Dann später ein Geschäft mit Aloe-Produkten, der Eingang zu einer Reinigung, ein großes Schaufenster mit Elektronikgeräten. Die wecken seine Neugier – bis er merkt, sein Blick geht ins Leere, er sieht nichts.

Als er sich aufrichtet, nimmt er in der Bewegung zwei Augenpaare wahr. Und entdeckt, wie zwei junge Burschen im Vorübergehen stutzen, wie sie ihn mustern. Der eine dunkel, mit vollem Bart, der andere heller und fast einen Kopf größer. Der eine schnippt die Zigarettenkippe in seine Richtung, lacht dazu und boxt den Kumpel in die Seite. Er schnippt noch mehr in seine Richtung, vielleicht ein paar Steinchen. Instinktiv hebt André seinen linken Arm, um abzuwehren. Das aber muss der Werfer anders verstanden haben, er schubst seinen Kumpel an.

Der prescht los, auf André zu, stellt sich aufreizend dicht vor ihn hin, starrt ihn stumm an. Jetzt kann man sehen, dass er sein Gesicht hellbraun eingecremt hat. André wehrt sich: He, was wollt ihr?! Er will den Burschen wegschieben. Doch der stößt ihn nun kräftig, mit beiden Armen, rückwärts, bis ihn hinten die Hauswand stoppt. Er spürt, wie die Spitzen des groben Verputzes durch seine dünne Jacke dringen. Er schnappt nach Luft, fühlt sich verächtlich gemacht, schreit: Hau ab! Verschwinde! Er kann ihn aber nicht abschütteln. Der Angreifer macht eine Grimasse, lässt dann langsam die Arme sinken, ohne einen Ton von sich zu geben, und verschwindet. André schaut zur Seite, findet auf dem Sims des Schaufensters einen spärlichen Sitz. Er fühlt nach seinem Schwindel, nestelt das Handy heraus.

Langsam geht er einige Schritte, probeweise. Hält inne, lehnt sich wieder an die Hauswand. Was soll das hier? murrt er vor sich hin. Ich bin doch auf meinem Weg, was wollen diese beiden Typen von mir, warum stoße ich ständig auf Hindernisse? – So ein Mist! ruft er zornig. Dann wird er ruhiger, schaut sich um und merkt, dass ihm plötzlich Zimtauge in den Sinn kommt; wenn sie jetzt um die Ecke biegen würde…

NEUSTART

Plötzlich sieht er den roten Flitzer heranfahren, Ulrike steigt aus, dahinter ein Mann. Besorgt eilt sie auf André zu, packt ihn an der Schulter, blickt ihm in die Augen. Was ist passiert? Schon wieder besser, Rike, zwei junge Typen haben mich verspottet und in die Enge getrieben, keine Ahnung warum. Ich komme klar, das Schwindlige steckt halt noch in mir. Sie verzieht ihr Gesicht, dreht sich dann um und winkt dem Mann, der abwartend am Bordstein steht.

Das ist Florian Faltin, der Project Communicator, du weißt schon. André mustert ihn und nickt: Sie sind das also? Schlechtes Timing… Faltin lächelt dünn: Das passiert öfters, dass Verabredungen misslingen, ich weiß jetzt wenigstens, wo Sie stecken. Eine sonore Stimme, mittleres Alter, englisch gekleidet. Er kommt André vor, als könne ihn nichts so schnell aus der Ruhe bringen, irgendwie gefällt ihm das.

Was ist mit Ihrer Manschette? fragt Florian Faltin. André weist auf seinen Rucksack und sagt okay. Wir sollten sie durchchecken, fahren wir zu Ihrer Tochter? André nickt – wundert sich, wie es geschehen konnte, dass Ulrike beteiligt ist. Er fährt mit ihr, Faltin steigt in ein Taxi. Endlich öffnet er behutsam seine Faust und glättet den kleinen Zettel. Aha, unwillkürlich sieht er die Zimtäugige vor sich, er lächelt.

Wie kommt's, dass du ihn schon kennst? fragt er seine Tochter. Über unser Institut. Er hat mich dort kürzlich angerufen, freundlich und dringlich, wegen dieses Experiments. Ich finde es spannend, bin jetzt Unterstützerin, sozusagen dazwischengeschaltet. Sie fährt flott, langsamer wäre besser, aber das anzusprechen ist ihm peinlich. Jetzt heißt das Motto: schwindelfrei! Und keine Attacken.

Als sie vor ihrer Wohnung parken, steht Florian Faltin schon vor der Tür, unauffällig. Drinnen fragt er Ulrike nach ihrem Laptop und erbittet von André die Manschette. Dann bleibt er für eine halbe Stunde beschäftigt, und Ulrike richtet einen kleinen Lunch. André weiß plötzlich, warum Faltin ihm irgendwie bekannt vorkommt: Er sieht aus wie das Double eines namhaften schweizerischen Schauspielers, souverän tritt er auf.

Am Esstisch macht Florian Faltin die knappe Bemerkung, Andrés Manschette sei voll funktionsfähig, doch es sei falsch gewesen, sie gestern ohne Not abzuschalten. Ich hatte meine Gründe, sagt André leise. Mag sein, mag sein, antwortet Faltin, doch jetzt haben wir ein Loch, wir wissen nicht, was danach mit Ihnen passiert ist. Vor allem aber: Sie erlitten eine gesundheitliche Störung. André nickt und schweigt.

Diese Vorfälle könnten ja ein Anlass sein. Was halten Sie davon, sich nun für unser Projekt zu entscheiden, die Probephase zu beenden? Wir drängen Sie nicht, doch es könnte die berühmte *Crisis* sein – Sie wissen, was ich meine. Wir schicken Ihnen eine Instruktion. Faltin geht.

André berät sich noch mit Ulrike: Ich hab dir ja von diesem Medientermin erzählt, wie mich dort das Experiment dieser Berliner Ideenschmiede, dieser Expertenkommission hellhörig gemacht hat, es stand gerade in den Startlöchern. Und dass mehrfach auf den Spiritus Rector und künftigen Koordinator Florian Faltin verwiesen worden ist, der aber nicht anwesend war.

Hinterher, fährt er fort, habe ich zu ihm weiter recherchiert. Wie ich herausfand, scheint Faltin solide und sehr kompetent zu sein – er lacht ein bisschen: soweit ich das beurteilen kann. Ich würde ihn gerne noch näher persönlich kennenlernen, für mich wäre das Projekt Vertrauenssache. Ulrike stimmt ihm da völlig zu: Du hast absolut recht, es gibt Allesmögliche, was gegenwärtig auf diesem Gebiet aufgetischt wird, das muss einwandfrei geklärt sein.

André weiter: Ich merke inzwischen, dass ich Florian Faltin eher zusagen möchte. Ein Jahr lang müsste ich mitmachen, mein Schwindelanfall könnte tatsächlich ein Auslöser sein.

Das Projekt, heißt es in der Grundsatzerklärung, versteht sich als Wegbegleitung für ausgewählte Personen, die in eine neue Lebenspassage eintreten und sich neu orientieren wollen. Ich weiß sicher, so einer bin ich. Zu diesem ‚Schwellenzustand', zum Öffnen für künftige Entwicklungen, zum Erproben solle ich nun ‚ja' sagen. Die Manschette müsste ich im aktiven Modus stets tragen, ausgenommen die Nachtruhe. Sie enthält vielerlei Funktionen, mehr als mein Handy, wahrscheinlich auch so etwas wie eine ‚Black Box', aber das stört mich nicht.

Dagegen hoff ich sehr, dass mir genügend Spielräume bleiben, ich verspüre mehr und mehr Neugier. Kurz gesagt: Den Reiz des neuen Starts bewerte ich höher als die Aussicht, insgesamt so schlau zu bleiben wie bisher. Ulrike lacht: Du machst das richtig, Paps.

Wer ist André Hornschuh, der neue Impulse erhalten möchte?

KURZER STECKBRIEF

Er ist 52 Jahre, verwitwet, Vater einer Tochter, freiberuflicher Korrespondent einer Straßburger Tageszeitung für Baden-Württemberg und für „besondere Aufgaben" in Berlin.

Hauptwohnsitz: in Mannheim-Lindenhof, selten benutzt,
Nebenwohnsitz: in Strasbourg, ein kleines Appartement.
Kennzeichen: lässige Kleidung mit dezenter Eleganz, schmückt sich mit einem kleinen Haarzopf; rechter Arm lahmt ein wenig, Folge eines Unfalls in der Jugend.
Weltbild: Libertär, akzeptiert Ambivalenzen, lehnt alles Milieuhafte ab.

PATRICKS FUND

Der neue Tag verspricht warm und sonnig zu werden. André mustert Ulrike genauer: Du hast so glitzernde Augen, wie kommt's? Sie wird ein bisschen rot, zögert, antwortet dann leichthin: Jetzt grad laufen ein paar gute Sachen, das turnt mich an. Sachen? Oder läuft was anderes? Sie lächelt, macht eine Geste – wer weiß?

Sie fragt, ob er noch Schwindel habe. Er schüttelt den Kopf: Es fühlt sich an wie auf schwankendem Boot, aber ich hab gut geschlafen. Und die Ärzte haben mir Hinweise gegeben – ja, du hast recht, lenkt er sofort ein, als er ihr lautes „Was?!" hört. Sie untersuchten mich in der Klinik, es wird vollends abklingen. Mich beschäftigt die Sache aber weiter, vor allem: wie kam's dazu?

Sie legt ihre Hand auf seinen linken Arm und schaut ihn prüfend an. Bleich sieht er aus, durchsichtig. Am rechten Arm schimmert seine Manschette. Schon seit längerer Zeit scheint ihn etwas umzutreiben. Nicht mehr der Tod ihrer Mutter, diese Wunde war, so kam's ihr vor, während seines spartanischen Insellebens heilsam vernarbt. Nein, eher eine Sehnsucht, eine Obsession – sie weiß schon, warum er sich für dieses Sozialexperiment interessiert. Sie will's genauer wissen, doch das geht im Moment nicht.

Er schaut zum Fenster, sieht zwei Fliegen und eine Wespe und draußen den Zweig einer dürftigen Linde. Er kann das Gesicht nicht vergessen, höchstens fünf Jahre alt war das Kind. Der Schock. Und die jähe Erinnerung. Bin ich zu grüblerisch? Oder in einer depressiven Episode? Weil ich das einfach nicht mehr zusammen bekomme: das Kind, das Leben meiner Tochter, wie sie mich immer, ausweglos, an Isabels Drama erinnert, die pulsierende Stadt Berlin, die Blicke auf dahinströmende Fremde, die nur mit sich selbst befasst sind – wenn es denn so ist. Ich sollte mir was vornehmen, wieder Tritt fassen.

Zu Patrick geh ich heute, Rike. Sie schaut enttäuscht, aber sie ahnt, was dahintersteckt, er sucht kleine Fluchten… Dass er Patricks ‚Fundgrube' entdeckt hatte, verdankt er Ulrikes Adresse, er führt seinen Laden nur zehn Minuten entfernt von ihr, in der Hufelandstraße. Das find ich echt krass, zischte sie ihn an, als er ihr begeistert von Patrick erzählte. Dieser Staub, diese alten Schwarten. Du bist nicht auf dem Laufenden, kauf dir E-Books oder was zum Hören, in Büchern ist zu viel retro. Er hatte verzeihend gelächelt.

Versteh doch, erklärt André jetzt geduldig: Für mich ist sein Antiquariat ein besonderer Ort. Ich hab zwar im Moment keine Ahnung, was das mit mir macht. Eins hab ich aber begriffen: Wir sollten schürfen! Erst wenn wir schürfen, wenn wir unsere Eigenart verstehen und uns ihr vergewissern können, erst dann sind wir urteilsfähig, erst dann schaffen wir's, mit dem ganzen Schlamassel umzugehen. Ich mein damit alles, was heute auf uns einstürmt, was unser Leben von Grund auf verändert. Das geschieht, ohne dass wir gefragt werden, und so kommt's zu Missbehagen, Frust und Auseinandersetzungen – das sieht man ja auch in Berlin.

Sie schaut ihn groß an, wow, solche Sätze hört sie selten. Du hast recht, lieber Paps. Sie zuckt die Schultern. Viele Dauerberliner fühlen sich überrollt. Internationales Kapital hat hereingedrängt, der Wohnungsmarkt läuft aus dem Ruder, das hab ich gelernt. Manche poltern auch los, aber es kümmert mich kaum. Jetzt grinst sie: Daran merk ich, dass ich angekommen bin, die Berliner Unbekümmertheit ist legendär. All das, was ich so gut kenne, gibt's hier nicht. Stattdessen Ungebundenheit, Schräges und Schrilles, vor allem Offenes und Urbanität. Du solltest mal über den ‚Holzmarkt' schreiben, seit zehn Jahren eine genossenschaftliche Zwischennutzung am Spreeufer mit viel Flair. Sie gießt Kaffee nach. Und eines weiß ich: Diese Riesenstadt – die ist doch früher selbst aus einer Mischung fremder Zuwanderer entstanden.

Das bestätigt André, und er nimmt noch ein Croissant. Zur Tochter verspürt er ein Band, sie ist unverfälscht, wie sie ist. Sie liegt ihm tatsächlich, wie es so schön heißt, am Herzen, etwas von ihm steckt in ihr; doch wofür reicht das? Manchmal ahnt er, dass er es gar nicht zu wissen braucht.

Er drückt ihr einen Kuss auf die Stirn und verlässt die Wohnung. Hier im Prenzlauer Berg stöbert André gerne herum, sein *„nosing around"* betreibt er längst gewohnheitsmäßig. Viele der Altbauten hatten glänzende neue Gewänder übergestreift bekommen, sie bergen aufgekaufte Wohnungen und reichlich Moderne. Die alten Straßenbäume dagegen lassen traurig ihre Zweige hängen, sie spüren, dass sich die Veränderungen nur unter Schmerzen vollziehen, begleitet von heftigen Konflikten.

Hier also stieß er das erste Mal auf Patrick Berg, einen besessenen Sammler alter Texte aus deutscher Frühzeit, einen stets kundigen und ausdauernden Erzähler, so dass er nicht mehr von ihm loskam. Sie trafen sich mehrmals in seinem Laden, wo Patrick ihn, als er von seiner Ernsthaftigkeit überzeugt war, einen Blick in sein ‚Heiliges' hatte werfen lassen. Seither sind sie Freunde.

Als André Hornschuh an diesem Tag an Patricks Ladentür tritt, entdeckt er einen kleinen Wisch an der Scheibe: *„Später"*.
Er runzelt die Stirn. Dennoch drückt er den Griff der alten dunklen Holztür – und lässt ihn sofort wieder los, sie öffnet sich. Er verkneift sich das Hineingehen. Gestützt vom Türrahmen zündet er sich ein Zigarillo an, seine unsortierten Blicke und Gefühle gehen spazieren. Die Augen beginnen sich ans Dunkle zu gewöhnen.

Der Ladenraum kommt ihm schummrig vor, wie in einem Weinkeller, nur ein schmaler, verlorener Sonnenstrahl wirft sein Licht durch eines der drei kleinen Fenster und lässt Staubkörner tanzen. Düster und schwer vom Alter starren ihn eng platzierte Büchertische und hohe Regale an, ausnahmslos gefüllt, ja überladen mit Büchern, Folien- und Bildbänden, Zeitschriften und Kartenmaterial. Und von solchen Schätzen ist zusätzlich ein Dutzend größerer Stapel auf den alten Teppich gehäuft. Nur ein intimer Kenner, das ist sicher, weiß die kleinen Wege zu finden, die durch's Labyrinth führen.

André hält den Atem an und beugt sich vor, ihm ist, als höre er ein Raunen und Wispern. Na klar, ich tauch hier ein in frühere Wortströme, in Reden und Bilder, versuch zu erspüren, ob sie zu mir sprechen, das hatte mir Patrick ans Herz gelegt – übrigens eine feine Formulierung. Und er hofft, es werde gelingen, erwartet spannende Funde. Wofür? Das bleibt ungewiss.

Du scheust dich, reinzugehen? Sieh mal einer an. Die Stimme in seinem Rücken kennt André. Heute ist also der Tag, freut sich Patrick, du kommst zur rechten Zeit, Kunden wird's erst wieder spät nachmittags geben. Er räumt einen der Tische ab, wischt sorgfältig jeden Krümel zur Seite, nimmt seinen Schlüsselbund und macht sich im Hintergrund an der Wand zu schaffen: ein Safe. Er schließt auf und entnimmt mit seinen dünnen weißen Handschuhen, fast andächtig, ein Buch. Ein zweites Paar Handschuhe reicht er André, und eine Lupe.

Schau mal, hier gibt's in einer der vorderen Seite einen Nachweis: 1829 Cotta'sche Verlagsbuchhandlung Tübingen. Zärtlich streicht er mit seinem rechten Handschuh über das Papier, langsam blättert er einige Seiten um. Das Schriftbild scheint André vollständig intakt zu sein, ein guter Druck und gut gebunden und kaum Gebrauchsspuren. Immer wieder lässt er den Blick über Patricks Gesicht und Hände gleiten, seine Konzentration, seine Hingabe, seine Genugtuung, die Schweißtröpfchen auf der Stirn und am Hals. Ein Besessener? Nein, eher ein überzeugter Kenner.

Spürst du die Schwingung? flüstert der Antiquar. Ja, die Schwingung, du schaust so fragend, die alten Bücher antworten uns, sie teilen früheres Wissen mit, vor allem aber sprechen sie über Schicksale, über Gefühle, über Gewalt, über kurze Leben. – Wie können sie antworten, wir leben 600 Jahre später? – Weil wir Fragen an sie haben zum Damals, zu Opfern, zur Herrschaft, zum Irrsinn. Oder?

André darf selbst das eine oder andere Blatt aufschlagen, er benutzt die linke Hand und findet auch ein paar kleinere Federzeichnungen. Das sieht nach Kampfszenen aus, mit zwei, drei Herrschergestalten zu Pferde. Auch ein kleines Bauernhaus ist angedeutet, samt einigen Menschen und etwas Vieh im Vordergrund. Auf dem Einband liest er *„Eroberungen und die Nöte des Landvolks"* und ist vom Alter beeindruckt. Wie kam's zu dir?

Patrick schlägt das Buch vorsichtig wieder zu und verwahrt es. Das ist eine längere Geschichte, und ich weiß nur einen Teil davon. Komm, geh'n wir rüber ins Bistro, da lässt sich besser reden, der Hals muss nicht so trocken bleiben.

Der Raum enthält zweckmäßige Holzmöbel, mit Nischen, dunkelrote Gardinen und tiefhängende Lampen, etwa zur Hälfte besetzt, nicht laut. An der Wand ein paar alte Fotos, die Motive nur für Kiezkenner. Der Tresen wirkt eher klein, aber die Regale sind gut bestückt. Patrick bestellt einen leichten Rotwein, André einen Café Crème und viel Wasser.

Es heißt, fährt Patrick fort, als hätten sie nicht unterbrochen, ein vornehmer fremder Kaufmann habe Anfang des 16. Jahrhunderts das erste Mal dieses Buch in Basel drucken lassen. Niemand weiß wirklich, wie dieser Kaufmann an den Text gekommen ist und ob es noch weitere Exemplare gibt; die Auflagen damals waren immer niedrig. Und niemand kennt offenbar den Autor, ständig kursieren Zweifel. Allerdings wissen wir, wer an den ursprünglichen handschriftlichen Texten gearbeitet hat, (er grinste) ein bissle ist also das Geheimnis gelüftet: mehrere Schreiber in einem Kloster in Burgund. Natürlich in Latein.

Da ist André perplex. Wie kannst du das wissen? Und wie konnte der Kaufmann sich auf die Originalität der Texte verlassen?

Du hast den Titel gesehen, die Zeitspanne, in der die Geschichten spielen, lässt sich einengen, tatsächlich gibt's im Text an drei Stellen auch Jahreszahlen. Abgesehen davon haben die schreibenden Mönche auch angegeben, wann sie ihre Handschriftkunst abgeschlossen hatten: 1485. Und jetzt gib Acht: Jener Kaufmann muss – auf geheimnisvollen Wegen (Patrick senkt verschwörerisch seine Stimme) – das Kloster dazu gebracht haben, ihm den geschriebenen Text auszuhändigen. Vielleicht hat er mit Goldstücken gelockt oder mit der öffentlichen Verbreitung zum Ruhme des Klosters und seines Ordens. Das Manuskript ist, wie damals bei anerkannten Klöstern üblich, durch feste Schnüre verknüpft und durch ein grünes Wachssiegel legitimiert worden, der Kaufmann hat das hinterher schriftlich bestätigt. Und das handschriftliche Original, das muss sich nach wie vor in dem Kloster befinden.

Und die deutsche Übersetzung?

Gute Frage. Die beginnende Reformation. Du weißt, einige wichtige Reformatoren haben auch an einer einheitlichen deutschen Sprache gearbeitet. Jemand aus diesen Kreisen, wahrscheinlich aus Basel, hat wohl die erste Übersetzung angefertigt. Aber mach dir klar: Für unsere Begriffe war jenes Deutsch nahezu unverständlich. Erst meine Cotta-Ausgabe dreihundert Jahre später enthält eine Fassung, mit der wir bis heute zurechtkommen. Und dieser Verfasser ist auf dem letzten Blatt des Buches auch genannt.

Patrick flüstert André den Namen ins linke Ohr, und der bekommt große Augen. Er begreift nicht. Kann das damalige Geschehen mit seiner heutigen Situation zusammenhängen? Sein Blick wandert in den hinteren Winkel des Bistros, wo ein farbenfrohes Bild hängt, doch er geht ins Leere. Er will sich einkriegen, seine Aufmerksamkeit ist erloschen. Was ist? fragt Patrick.

Ich hab gestern ein junges Gesicht gesehen, das hat mich tief getroffen. Es war entstellt. Flüsternd: Hat auch mit meiner Kindheit zu tun. Er starrt vor sich hin.

Patrick schüttelt stumm den Kopf. Er legt ihm den Arm um die Schulter, sagt kein Wort. So verharren sie eine ganze Weile. Sie trinken, André wird ruhiger. Er gibt sich einen Ruck, nestelt an seiner Manschette herum und fragt Patrick ohne Übergang: Du hast Dich Ende der 70er Jahre zum Antiquar entschlossen, warum?

Patrick, er ist jetzt Ende sechzig, schweigt verblüfft und überlegt. Jetzt springst du aber gewaltig, mein Freund, erwidert er. Gut, nichts dagegen. Du weißt, ich hab diese Zeit hier erlebt, West-Berlin war ziemlich bunt, ziemlich schräg, vor allem dicht und vielversprechend: gemäßigtes linkes Milieu, Wohngemeinschaften, nächtelange Diskussionen, Feten, wechselnde Liebschaften. Lange Studienzeiten gab's oder provisorische Jobs – auf jeden Fall kaum Zweifel, ob wir etwas Geeignetes für den Lebensunterhalt finden würden, das stand uns zu (er lacht: denk mal an heute). Starke Politisierung. Soll heißen, wir als enthüllende Kritiker: gegenüber den Politikern, gegenüber den Medien, gegenüber den trägen Bürgern. Aufrütteln wollten wir, viele Demonstrationen, viel Basisarbeit etc. etc. Und dann… und dann…

Und dann hast du als Lehrer begonnen, stimmt's? unterbricht ihn André. Patrick nickt. Es war, flüstert er, eine Pleite. Ich hätte so gerne mein Wissen ausgebreitet, doch ich fand keine Abnehmer. Die Schüler waren laut und ohne Eifer, eine tägliche FRU-STRA-TION, nicht umsonst gehörte dieser Begriff zu den wichtigsten jener Zeit. Na ja, nach wenigen Monaten schmiss ich hin.

Und ist daraus eine neue Zuversicht entstanden, eine neue Etappe? fragt André. Patrick stutzt: vielleicht. Auf jeden Fall – und jetzt reckt er sich und hebt die Stimme – hab ich für mich das Antiquarische entdeckt, und zwar aus einem anderen Grund: Spätestens mit der Zeit der Hausbesetzungen ab '81 geriet unsere seitherige Praxis ins Hintertreffen, alles zerbröselte. Natürlich war das auch eine Folge der RAF samt der staatlichen Repression, Stichwort Radikalenerlass. Wir wurden müde, unser Eifer ist erlahmt. Unversehens hatte sich die Zeit gewandelt. Ein älterer Freund vermittelte mir die Tätigkeit in einem Antiquariat, da hab ich Feuer gefangen, das eröffnete ganz neue Welten, das war auch der ideale Rückzug – und so, er lächelt etwas schief, und so ist das bis heute.

Rückzug, soso. André wendet sich ab, steht unvermittelt auf, stößt ein Glas um und greift nach seiner Jacke. Patrick schaut ihn fragend an. Ich muss los, flüstert André, und der Bücherfreund glaubt eine Träne bei ihm zu entdecken. Rasche Schritte zur Tür, ein kurzes Keuchen, und weg ist er.

Patricks Kleinod, das spürt er, hat ihn in Bann geschlagen. Wie ein Sog aus der Vorzeit kommt's ihm vor, doch keineswegs aus grauer Vorzeit, sondern aus einer kulturell reichen, ja, fast leuchtenden Frühzeit der Buchkunst und des mönchischen Lebens. Wie in eine samtene Kuhle war er da hineingerutscht.

Das will er wieder abschütteln, die jähe Frage nach Patricks 70er Jahren war ja schon ein Schritt dazu. Sein Experiment weist in die andere Richtung: Schön, es gibt die Erfahrungen in den historischen Fundstücken, sie enthalten auch Botschaften für die Nachfahren. Und es gibt die Anstrengungen heute, sind sie nur das Nachher von früher? *„La lutte continue"* riefen vor Jahrzehnten die Pariser Studenten, eher *„Die Suche nach dem richtigen Leben geht weiter"*, würde André sagen. Er stößt die Luft aus. Er spürt seine Müdigkeit, kehrt zurück zu Ulrike.

UTAS LÄCHELN

Als er im neuen Tag unterwegs ist, erholt und neugierig, wagt er einen Versuch. Er stöbert im Portemonnaie nach dem Zettel, drückt den Knopf und stellt sich in einen Hauseingang, um besser hören zu können. Sie meldet sich tatsächlich, er sieht Zimtauge vor sich: André spricht, der Findling. Kleine Pause, dann: Ha, wie gut! Sie ist sofort im Bilde, und als er etwas umständlich seine Frage vorbringt, überlegt sie nur kurz und sagt dann zu.

Die Tapasbar ist verwinkelt und enthält etwa ein Dutzend Nischen mit Vierertischen, die meisten sind besetzt, es ist nicht laut. Sie finden ihre eigene Nische und schauen sich an, stumm, gründlich. Ihre Bestellung verzögert sich, doch dann findet André den Anfang: Der Zettel; was bedeutete – er simuliert Gänsefüßchen – ‚Abgestellt'?

Sie lächelt und mustert ihn genauer. Es war ihr klar, dass dieses Einzelwort ihn beschäftigen würde, sie hatte es ihm hingeworfen wie eine Lockspeise. Du hast dich wieder gefangen, sagt sie, du sitzt aufrecht, du blickst fester und offener, etwas belastet dich aber weiter, das merke ich… André nickt. Hat sie ein Faible für psychotherapeutische Maßnahmen? Was treibt sie eigentlich so? Und woher stammt meine Neugier auf sie? Also, fährt sie fort, deine Frage, warum ‚Abgestellt'? Das bedeutet zumindest zweierlei: Du wirktest so aus dem Tritt gekommen, so – ‚abgestellt', und deine Manschette war ‚abgestellt', stimmt's? Er erstarrt.

In Sekundenschnelle durchlaufen ihn die seltsamsten Empfindungen, doch er schnauft nur und fixiert sie: Aha, also kein Drumherum-reden, ich rede jetzt auch direkt: Was haben Sie damit zu tun?

Zimtauge lächelt erneut, und André merkt, dass sie freundlich lächelt und warm, das tut ihm gut, obwohl er doch böse werden wollte. Wenn du kannst, sagt sie leise, dann vertrau mir – ich weiß, schiebt sie sofort nach, als sie seine hochgezogenen Augenbrauen sieht, ich weiß, das ist viel verlangt, solange du so wenig von mir kennst. Ich heiße übrigens Uta, du kannst mich gerne genauso formlos anreden wie ich dich, vom ersten Augenblick an.

Uta…? wiederholt André langsam, wie aus dem Dom? (Uta nickt) Mit der Umberto Eco am liebsten mal essen gehen wollte? (Uta nickt) So endlos lange Spuren, ergänzt sie, ich stamme tatsächlich aus Sachsen-Anhalt.

Dann entschlossen: Es ist nur eine Frage der Reihenfolge. Dir ist etwas Schlimmes passiert, du hattest einen Schwindelanfall, und ich war plötzlich mit dabei. Ich kann dir das erklären, daran ist nichts Geheimnisvolles. Meine Erklärung ist aber viel einfacher, wenn du zuerst erzählst, was dir passiert ist.

André zögert, schlägt vor, erstmal was zu essen. Sie haben kurz darauf eine bunte Platte warmer und kalter Tapas vor sich stehen, das sieht einladend aus. Jetzt fühlt er sich entspannter, die Frau ihm gegenüber, etwas jünger als er, gefällt ihm, trotz seines Misstrauens. Und er lächelt in sich hinein, weil er anstelle von Umberto Eco jetzt ihr Tischgenosse ist. Sie strahlt eine Güte aus, und ihre Zimtaugen vermögen das auszudrücken. Wohltuend.

Langsam beginnt er zu reden: Vorgestern geschah etwas Unbegreifliches. Ich war zu einem Gespräch in einem Kiezladen gewesen, spannende Sache, es ging um die Kriminalität der Clans, in einigen Bezirken sind sie seit Längerem eine echte illegale Macht geworden. Unterwegs dann, in Gedanken, so ein kleiner Park bei der Greifswalder Straße. Plötzlich eine irre Szene: Ein älterer Typ spielte Posaune, daneben stand ein kleines Kind, vielleicht fünf Jahre, wahrscheinlich ein Mädchen, es trug rote Schuhe, es schien allein zu sein. Ich blieb stehen, hörte ihm zu, wie das Kind auch. Und da – und da drehte das Kind sich zu mir um – ein SCHOCK! (Er starrt sie an.) Die eine Gesichtshälfte war völlig entstellt, als fehlte etwas, ein Auge starrte unbeweglich, tot, das andere huschte wild hin und her. Ich griff mir an den Hals, hab dann aufgestöhnt, solch eine Verstümmelung, bei einem Kind! – Er stockt, trinkt einen Schluck. Das muss dich schutzlos getroffen haben, flüstert sie.

André weiter: Unwillkürlich streckte ich meinen Arm aus. Ich erinnere mich noch genau an den wilden Blick, grausig. Es drehte sich dann wieder zum Posaunisten – und fiel einfach um, wie getroffen von einem Windstoß. Der Posaunist spielte weiter, tragende, sich wiederholende Töne, nur mit sich befasst. (Uta schüttelt heftig den Kopf.) Ich bin hingeeilt und wollte aufhelfen. Wie heißt du? fragte ich. Es verstand mich nicht oder war stumm, es machte eine verängstigte Bewegung.

Da stürzte von der Seite eine Frau herbei, dunkel gekleidet, mit blauem Kopftuch, sah mich bei dem Kind und trommelte ohne Ankündigung mit beiden Fäusten auf mich ein, das Ganze mit einem langgezogenen Schrei. Ich wehrte mit den Armen ab, ich rief ihr zu, dass ich helfen wollte. Doch sie schlug weiter. (Er schaut Uta hilflos an.) Da bin ich entsetzt nach hinten ausgewichen, fiel hin, kam mühsam wieder hoch, rannte weg, so schnell ich konnte, stolperte, fiel wieder hin, stand wieder auf und stolperte weiter, weiter…

Bis ich dann innehielt, ich röchelte schwer. Da hab ich gespürt, dass mir schwindlig wurde, alles drehte sich, ich versank in einem Sog. Und ein stärkerer Wind kam auf. An einem Baum kauerte ich mich nieder, ich zitterte. Das Grauen hatte mich erfasst, so übermächtig – wie EIN MENETEKEL AUS ENTSTELLTEM GESICHT MIT POSAUNENKLÄNGEN, als brenne sich andauernd diese Szene ein. Und was ich noch genau weiß: Es war mir, als krieche eine Spinne über's Gesicht, als werde meine Haut geschunden. Die anderen Einzelheiten hatten sich verzogen, nur der Schrei der Frau hallte noch nach in mir. (Uta nickt) Später kam ein älterer Mann, er half mir auf, er sorgte dafür, dass ich in eine Ambulanz gebracht wurde. Dort haben sie mich zwei Stunden lang untersucht, dann entließen sie mich. – So was ist mir noch nie passiert!

Uta greift nach seinem Arm, summt leise eine kleine Melodie. Er horcht in sich hinein. Erinnert sich, dass manchmal in seinen Träumen noch etwas aufbricht von Isabel, von ihrem Tod, dann merkt er an den Tränen, dass in Wirklichkeit nichts vorbei ist, das behält er für sich. Es bleibt unfassbar.

Das Schlimme, murmelt er, ist der Kontrollverlust, aus dem Entsetzen, aus dem Ohnmachtsgefühl. Und das gab's schon mehrmals. Es ist wie eine Endlosschleife, als würde ich mich immer wieder jäh bedrängt fühlen, ausgeliefert, vom Bösen überrascht. Uta nickt stumm, blickt ihn an. André bestellt noch einen Café solo, schweigt, ein gutes Schweigen.

Dann sagt sie, und das klingt behutsam: Du neigst offenbar dazu, in Situationen mittenrein zu geraten, dabei willst du nur sehen, was ist, nur beobachten und so verstehen. Das Mittendrin ist anstrengend. Es ist eine Frage an deine Eigenart, deine Veranlagung. Du wehrst dich womöglich gegen das Hineingeraten, oder aber du suchst es vielleicht unbewusst. Kein klarer Weg, den gibt's wohl nicht.

André nickt. Diese Uta, am liebsten möchte er ihr ein kleines Schild umhängen: *„weise Frau"*. Und seine Eigenart? Mit der hatte er schon öfters gehadert, das weiß er. Trotz allem aber unbegreiflich – wieso ihn, André Hornschuh, in guter körperlicher Verfassung, bei der Szene mit dem geschundenen Kind eine solche Panik erfasst hatte, er getaumelt war, am Baum niedersank, bis schließlich der hilfsbereite Mann auftauchte, ihn mühsam in ein Taxi verfrachtete. Warum die Panik?

Schließlich klärt Uta, mit einem schalkhaften Lächeln, ihn darüber auf, dass sie den Mann, der ihm geholfen und seinen Transport in die Klinik veranlasst habe, kenne. Reiner Zufall. Er habe die Manschette entdeckt, sie André abgenommen, in dessen Rucksack geborgen und sie dann angerufen.

Sie tauschen ihre Daten aus, leichte Umarmung zum Abschied, dann geht jeder seines Wegs. André verspürt ein Bedauern. Unterwegs schaut er sich unwillkürlich einige Male um, derjenige, der ihn an die Hauswand gepresst hatte, könnte ja wieder auf Tour sein. Er fühlt sich unbehaglich.

FLORIAN FALTINS IMPULSE

Unmittelbar neben den Räumen der Berliner Ideenschmiede, in der Nähe des Gendarmenmarkts, setzen sich die beiden Männer an einen ruhigen Tisch in einem Bistro. Florian Faltin gibt sich locker und erklärt sofort, warum er Andrés Wunsch nach einer Aussprache gerne gefolgt sei: Unsere Manschette ist ein heikles Instrument, verstehen Sie? Deshalb meine Bitte: Schildern Sie mir genauer die Umstände, die zum Ausfall der Manschette geführt haben. Anlass, Verlauf, persönliche Einschätzung – das wäre gut zu wissen. Wir können unser Treffen gerne auch weiter dehnen, falls Sie das wünschen. Zunächst aber: Was macht der Schwindel?

Mir geht's bisher gut, antwortet André, bin noch etwas kraftlos, aber stabil, der Anfall ist ausgestanden. Sie bestellen sich Getränke. Also zu Ihrer Frage, macht er weiter: Ein schockartiges Erlebnis war's, in einem Park, unbegreiflich. Er berichtet das Wesentliche. Hinterher ist's mir so vorgekommen, als habe es sich bei Frau und Kind um Kriegsflüchtlinge gehandelt. Alles zusammen hat zu meinem Schwächeanfall geführt, ich war vom Geschehen überfordert, und so ist offenbar der Schwindel ausgelöst worden. Im Krankenhaus ließen sich übrigens keine anderen Ursachen aufdecken. Faltin ist's zufrieden.

André kann nun seinerseits einen Punkt ansprechen: Wie ist bei den Projektplanern die Wahl auf den deutschen Südwesten und auf mich gefallen? Faltin erläutert, konzentriert, mit seinem Blick auf den Zuhörer immer nachspürend, ob er folgen kann:

Wir haben insgesamt acht Regionen ausgewählt, davon fünf in Deutschland. Der deutsche Südwesten hat uns mit seiner Charakteristik schnell neugierig gemacht.

Und jetzt beginnt er zu dozieren:

Dort stoßen wir, aus der Zeitferne betrachtet, auf eine Fähigkeit zur machtvollen Ausdehnung wie zur Übernahme externer Strömungen. Zu vermuten ist, dass sich dieser Doppelcharakter auch nach und nach, schleichend über die Jahrhunderte, in die Gene eingenistet hat, in die Gene derjenigen, deren heutige Existenz aus den schwäbisch-alemannischen Wurzeln stammt. Es sieht so aus, als liebten sie das Ausschwärmen, die Sehnsucht nach der Ferne, das Kennenlernen fremder Eigenheiten, als pflegten sie aber auch ein Gegenläufiges: das regional Selbstgenügsame, das Begrenzte, das heimatliche Dableiben. Eine alte Kulturlandschaft. Sie bietet günstige Bedingungen für Prosperität, wie wir heute wissen, und für das kollektive Gedächtnis – das bruchstückhafte Bewahren ist bezeichnend. Da wollen wir anknüpfen.

André ist beeindruckt, hier ist offenbar sehr gut recherchiert worden. Und wissen Sie, fährt Florian Faltin weiter fort, Sie besitzen als Journalist ein fast ideales Profil. Dazu gehört auch Ihr Auftrag, über die Hauptstadt Berlin zu berichten. Und Ihre Tochter lebt hier, unsere lose Zusammenarbeit gedeiht.

Noch eine Bemerkung zu unserer Kommunikation. Das Vorgehen der Testpersonen stützt sich auf Begegnungen und Beobachtungen, auf Bilder, Auswertungen, Statements. Sie umgekehrt füttern Ihre Manschette mit allen Eindrücken, Fortschritten, Zweifeln, die Ihnen wichtig erscheinen. Von uns erhalten Sie regelmäßig Anregungen für Ihre Schritte. Es soll ein offener Austausch sein.

Wir bieten zusätzlich mehrere historische Schilderungen an. In denen werden Sie übrigens lebhafte Ich-Personen kennenlernen, die erzählen nicht nur, die sind selbst am Geschehen beteiligt. André fühlt sich gut eingeführt.

Und, wirft ihm Florian Faltin locker hin: Was werden Sie sich von Ihrem Engagement in unserem Projekt wünschen? Die Testperson zögert nur kurz: den heiligen Geist der Journalisten, die Würze neuer Begegnungen, ins Offene drängen, den Flow suchen… F. F. schnalzt mit der Zunge und grinst ausgiebig. Nicht übel, antwortet er, den Anspruch hoch hängen, das fördert die Ausdauer.

Sie bleiben noch ein Weilchen, speisen wollen sie nicht, aber ein Glas Wein gemeinsam tut wohl. André spürt, dass sie beginnen, eine persönliche Nähe zu entwickeln. Und das verstärkt sich noch, als Faltin unvermittelt sagt: Wir können uns selbst nicht entfliehen – doch wir können immer nach vorne dabei blicken! Unser Motto. Dann ein lockerer Abschied, sogar mit Gelächter.

Am folgenden Tag sagt André dem Manschetten-Projekt zu, kurzes Telefonat mit Florian Faltin, der ihnen beiden ein spannendes Jahr wünscht. Schon bald darauf geht auf seiner Manschette eine Bestätigung ein mit einigen weiteren Hinweisen:

Wir freuen uns auf die Zusammenarbeit. Mit Ihrer Unterschrift haben Sie sich verpflichtet, für die Dauer eines Jahres an unserem Sozialexperiment mitzuwirken. Ihre Manschette ist ab sofort mit allen Funktionen aktiviert worden. Die Projektleitung wird stets eine Dosis an behutsamer Steuerung einsetzen, um die Zielstrebigkeit des Tuns sicherzustellen. Wichtig: Dieses Experiment ist kein wissenschaftliches Vorhaben! An der Auswertung werden die Testpersonen beteiligt sein, und die Ergebnisse werden der Öffentlichkeit vermittelt. Good luck – wir wünschen einen neugierigen Start!

Das also ist jetzt seine Marschroute. Er möchte sich lernbereit öffnen, neue Impulse erhalten, sein Leben neu ausrichten. Was ihn eher hemmt, sind private Ereignisse, die Jahre zurückliegen und ihm auf der Seele lasten.

* * *

Jetzt sitzt André Hornschuh im Zug nach Karlsruhe. Mit jeder Faser seines Körpers, mit jedem Kilometer des schnellen ICE entgleitet Berlin, als richte sich das Auge einer Kamera auf diese Stadt und entferne sich dabei in rasendem Tempo. Er meint noch diese andere Art von pulsierendem Leben zu spüren, in die er jedes Mal einzutauchen versucht, wenn er da ist. Und weiß genau, dass er solch ein Leben da, wo sein Zuhause ist, nicht vorfindet, nicht herholen kann – und nicht will.

Kurz vor Erfurt bleibt der Zug stehen. Eine Durchsage, knisternd, teilt den meist apathisch wirkenden Fahrgästen *„eine betriebliche Störung"* mit. André möchte dem Zugchef empfehlen, das zweite

Wort lieber mit ‚ü' auszusprechen; nach zwanzig Minuten rollt der Zug aber fast geräuschlos wieder an.

Hoffentlich klappt die Verabredung mit Franziska.

Hinter Fulda lässt er Revue passieren, was er in Berlin noch für seine Zeitung, die Nouvelle d'Alsace Strasbourg, recherchiert hat, im Kiezladen, im Klinikum.

Im Kiezladen das Gespräch mit den vier aktiven Bewohnern. Sie berichteten über konkrete Auswirkungen von Diebstählen und Schutzgelderpressung, von Einbrüchen und Drogenhandel. Er weiß nicht, wie genau er da einsteigen soll. Wo die meist arabischen Clans sich organisiert haben, gebrauchen sie ihre verdeckte Macht angsteinflößend; erschreckende Vorfälle gehören offenbar inzwischen zum Alltag. Ein heikles Thema, die Öffentlichkeit muss aber darüber informiert werden, nicht nur von der Polizei.

Brisant auch seine zweite Gesprächsrunde tags darauf, fast greifbar das Renommee der Einrichtung, eine völlig andere Grundstimmung: Die Charité stellte vor, welche Vorzüge der inzwischen eingeweihte Umbau mit sich bringt – das war ziemlich trocken…, doch dann der bekannte Virologe, schwarzlockig, er führte die Journalisten in die Welt der Viren anhand brandneuer Forschungsergebnisse – alle lauschten atemlos, es lag etwas in der Luft.

André streckt sich entspannt aus. Wie erholsam kam ihm doch am nächsten Tag die Ausstellung in der Akademie der Künste vor: *„Das Jahrhundert des Tanzes"*. Dann seine Berichte für die Zeitung: er findet sie gelungen, der Redaktionschef gab sich erfreut.

Schließlich das Herantasten mit Florian Faltin, ein geglücktes Rendezvous, ein Andocken… Da passt es doch genau, dass ihm gleich gestern ein erster längerer Text auf der Manschette zugespielt wurde. Er lehnt sich zurück im Sitz, nimmt das Gerät vom Arm und öffnet den kleinen Bildschirm. Die Schrift lässt sich etwas vergrößern. Er will sich hineinbegeben, und zwar ohne Verzug, da ihm, neben Patricks Kleinod, unversehens das frühe Mittelalter (Naumburger Dom) begegnet ist – wie ein Strahl. Er ruft den Text auf und merkt schon nach den ersten Sätzen: Das bedeutet, tief in das süddeutsche Erbe einzutauchen.

* * *

MIT DEN STAUFERN – KRIEGSGETÜMMEL, PFERDE, BAUKUNST UND NEU BESIEDELTE LANDSCHAFTEN

Wenn ich mir vorstelle, in der Umgebung der Stauferberge gelebt zu haben, vielleicht mit Pferden beschäftigt gewesen zu sein, dann hätte ich mit erstauntem Blick immer wieder den unglaublichen Aufstieg der Adelsfamilie der Staufer beobachten können, ein Geschehen, das ich mit meinem kleinen Hirn gar nicht zu fassen vermochte.
Im frühen Mittelalter fanden zwischen König und Adel jahrzehntelange heftige Konflikte statt, die Staufer mittendrin. 1137 wurde mit Konrad III. erstmals ein Staufer zum römisch-deutschen König gewählt. Längst verlautete landauf, landab, die Schwaben-Alemannen würden zu einem festen Bestandteil des „deutschen Reiches" gezählt, eines Reiches, zu dem Nord- und Mittelitalien ebenso gehörten wie das Burgund und weite Teile der heutigen Schweiz – Namen freilich, die mir anfangs nichts sagten.
Deshalb bin ich mir sicher: Die einfachen Leute haben damals von solchen Herrschaften, ihrem Reichtum, ihren Gebieten keine Vorstellung gehabt. Stattdessen bekamen sie es am eigenen Leib zu spüren, wenn Landsknechte oder Eintreiber ihr Handwerk ausübten. Sie mussten sich Tag für Tag vorsehen, und sie waren froh, überhaupt ihr karges Leben fristen zu können. Armut überall, nur in einigen Herrschaftssitzen entstand etwas, was im Horizont der damaligen Hoffnungen als „gutes Leben" bezeichnet werden kann. Jahre später, ab 1152, gelangte Friedrich I., genannt Barbarossa, zu staufischen Königswürden. Da begriffen viele: Die drei Stauferberge Hohenstaufen, Rechberg, Stuifen sind der Schwäbischen Alb freistehend vorgelagert, um aller Welt zu zeigen, dass die Staufer auf dem Sprung ins große Weltgeschehen waren. Der König begann rasch, seine Macht mit Eroberungen auf Italien auszuweiten.
Da muss ich mal innehalten. Konnte das irgendjemand der Schwaben-Alemannen begreifen? Tagtäglich hatten sie mit ihrer unmittelbaren Herrschaft, ihren Kriegern und Eintreibern zu tun; was ein König trieb, wusste niemand, es betraf nicht das eigene Leben.

Was hat die Staufer zu den Feldzügen nach Italien bewogen? fragte ich mich später. Meine Antwort, als ich mir im Laufe meines abenteuerlichen Lebens die vielen Geschichten zusammenreimen konnte: Sie wollten ihr Herrschaftsgebiet ausbauen und neue Geldquellen erschließen.

Das mit den Einkünften habe ich gut verstanden, sie kämpften dafür, die herben Verluste während zweier Kreuzzüge wiedergutzumachen. Ein größeres Herrschaftsgebiet zu erobern, fand ich hingegen mehr als kühn, aber so waren die Staufer halt. Als Barbarossa 1155 Kaiser des römisch-deutschen Reichs wurde und erkannte, vor welch gewaltigen Aufgaben er stand, machte er das einzig Gescheite: Er heiratete die blutjunge Erbtochter Beatrix aus Burgund; mit ihr war er sage und schreibe 28 Jahre verheiratet (eine schwäbische Tugend?), und sie schenkte ihm acht Söhne und drei Töchter. Es bleibt sein Geheimnis, wie das trotz seiner häufigen Kampagnen überhaupt möglich war; reiste sie hie und da mit?

Der Kaiser, wurde gemunkelt, zeigte bei Auseinandersetzungen mit dem lombardischen Städtebund und mit dem Papst viel Überzeugungskraft und Ausdauer. Auch besaß er wohl gute Berater, Dutzende Male zog er mit ganzem Gefolge in die Orte in Mailands Umgebung. Vor allem aber führte er jahrelange Feldzüge. Ich als junger Bursche mittendrin. Anfangs zeigten sie mir den rechten Umgang mit Pferden in Ulm. Doch schon mit dem ersten Tross Richtung Italien erlebte ich alles, was zu dem unsteten Leben der Krieger und ihrer ganzen Meute an Fußvolk gehörte. In Zelten und Hütten hausten wir. Wer Glück hatte, erhielt eine Decke, wir anderen lagen auf Stroh oder auf dem bloßen Erdboden. Immer schloss ich mich gerne denen an, die für Nahrung, Kleidung und Feuer zu sorgen hatten, und ich lernte dabei, auf der Hut zu sein, wenn manchen Burschen das Messer allzu locker im Gewand steckte.

Nach Raufereien stand mir nicht der Sinn, ich war für ein Dutzend Pferde verantwortlich, hatte also nicht mit den Fußsoldaten zu tun, sondern mit den höhergestellten Kriegern. Sie besaßen eigene Pferde, gepanzerte Rüstungen und Schwerter. Ich lebte eng mit meinen Pferden, besorgte für sie Heu und Hafer, führte sie zur Tränke, und wenn eines krank war, schaute ich auch in der Nacht nach ihm. Ich hörte ihr Schnaufen, spürte ihre Wärme und führte leise Zwiegespräche mit ihnen.

Hielt ich mich in der Nähe der Krieger auf, konnte es sein, dass mich einer mit zu seinem Pferd nahm. Dann erzählte er mir, wie er sich bei weiten Ritten oder bewaffneten Angriffen darauf verlassen musste, dass sein Reittier gesund, schnell und ausgeruht war. Er machte mir klar, wie wichtig deshalb meine Aufgabe sei; das hat mir gefallen, auch wenn ich von den Kriegerkämpfen wenig verstand. Ich lernte, erschöpften oder verletzten Pferden zu helfen. Manchmal kehrte ein Krieger abends traurig oder verwundet ohne Pferd zurück, von den Fußsoldaten unterstützt. Manchmal kehrten beide nicht zurück. Jede Woche verloren wir in unserem Tross zehn, zwanzig Pferde, und es gab extra Pferdekäufer unter uns, die an Ort und Stelle neue Tiere besorgen mussten.

Von Zeit zu Zeit schlossen sich unserem Tross einige Patres an, obwohl die Klöster und Orden das nicht guthießen. Sie sprachen uns Mut zu und begleiteten manchen Sterbenden in seinen letzten Stunden (freilich, die Schlachtgetümmel mieden sie).

Eines Tages kam ein Pater zu mir. He, Bursche, kannst du dich mal kümmern? sprach er mich an, er führte ein lahmendes Pferd mit. Ich blieb stumm und stellte mich taub. Er schaute die Pferde an und merkte schnell: Ich hatte es heraus, sie so anzupflocken, dass sie sich bewegen konnten und beisammenblieben. Du sollst eine geschickte Hand haben, höre ich, es soll dein Schaden nicht sein, meinte er, und ich ließ mich darauf ein.

Nach ein paar Tagen – seinem Pferd ging es da schon besser – begann er, mir allerlei zu erzählen, auch davon, wie er sich von seinem französischen Orden losgesagt und als Schutzloser und Bettler durchgeschlagen habe. Bis ins Gelobte Land mitzureisen, schaffe er nicht, sein Ziel sei es, einem der Hospitalsorden beizutreten. Es dauerte Tage, bis ich verstanden hatte, was das bedeuten sollte. Er begann, mich zu unterrichten, und nach einigen Wochen, die wir unterwegs waren, hatte mir Pater Archimbald so viel beigebracht, dass ich mir selbst schlau vorgekommen bin. Ich wurde lernbegierig.

Unsere Reittiere trugen bereits Zaumzeug, damit sie sich nicht den Hals zuschnürten. Eines Tages beobachtete ich mit großen Augen, wie ein Krieger für seine Pferde Schuhe mitbrachte, solche

Eisen, die ihren Hufen aufgenagelt wurden. Und etwas später brachte derselbe Reitersmann ein kunstvolles Lederstück mit, das er dem Pferd auf den Rücken legte, und daran baumelten links und rechts zwei Riemen herunter mit einer großen Lederschlaufe dran. Das führte er uns vor, und ich muss sagen, er saß so fest auf dem Pferderücken, dass er beim nächsten Kämpfen über seine Gegner triumphieren konnte, da bin ich sicher.
Wir alle bewunderten sein Ledergeschirr und wollten es für unsere eigenen Pferde auch haben. Das ging freilich nicht so schnell, ich wurde ausgeschickt, um zwei, drei Kürschner zu suchen, die in unsere Dienste treten sollten, es dauerte wochenlang. So nach und nach konnten wir unseren Gäulen ihr neues Ledergewand auflegen, so gefielen sie mir noch besser. Und das Ergebnis machte alle Krieger kühner als sie ohnedies schon waren. Sattel und Steigbügel verhulfen ihnen, mit ihrem Reittier zu verschmelzen, und das energisch ausgreifende Pferd erlaubte ihnen, kräftige Stoßangriffe mit Lanze oder Schwert zu führen.
Wenn wir an Orte kamen, wo der kaiserliche Hof Einzug hielt und wo mit vielen Künstlern und Rechtsgelehrten, ebenso mit Fürsten und Bischöfen Feste gefeiert wurden, blieben wir im Abseits, da hatten wir nichts zu melden. Einmal lagen wir einige Tage im Elsass, im Markt Hagenau, dort gab's schon ‚Bürger', wie ein Ritter mir erklärte, und sie konnten ein gutes Leben führen.
Das machte mich traurig; wegen der Sehnsucht nach meinen geliebten Stauferbergen, die später Kaiserberge hießen, vergoss ich viele Tränen. Doch wenn Pater Archimbald seinen Arm um mich legte und mir ins Ohr flüsterte, ging es mir schon wieder besser. Er winkte mich zur Feuerstelle und drückte mir einen Becher mit dicker Milch in die Hand. Andere um uns herum tranken dunkles Bier oder Honigwasser.
So nach und nach merkte ich, dass das dauernde Unterwegssein auch Vorteile mit sich brachte. Ich wurde sozusagen ein „kriegender Pilger", war zwar oft in Händel und Blutvergießen verwickelt, erhielt jedoch gute Nahrung, neben Getreidebrei auch ab und zu Fleisch und Stockfisch, und erhielt einen kleinen Sold, beides war weit besser als unter den ärmlichen Zuständen zu Hause. Zum ersten Mal schmeckte ich so etwas wie ein eigenes Freiheitsgefühl. Freilich musste ich damit rechnen, dass mir nur ein kurzes Leben

vergönnt sein würde. In meinem Fall machte das Schicksal zum Glück eine Ausnahme.
Zum Tross gehörten auch Frauen, und nachts mussten sie zu den Männern kriechen, wenn unsere Heißblütigen danach verlangten. Das war noch harmlos. In manchen Wirtsstuben, wenn sie offene Emporen oder Dachböden besaßen, geschah es nach lauten Trinkgelagen oft, dass die Marketenderinnen oder Mägde reihenweise in der oberen Bühne begattet wurden, und das störte niemand. An einem solchen Tag nahm mich eine junge Dirn zur Seite, hatte aber schnell ein Einsehen, als sie merkte, wie ahnungslos ich war. Sie schob mich in eine kleine Kammer, und dort, das bekenne ich frei, wuchs mein Begehren mehr empor, als ich es je für möglich gehalten hätte. Eine folgenreiche Entdeckung, jetzt fühlte ich mich als Mann. Selbst kleine Kinder liefen um uns her, allerdings selten, denn war ein Kind geboren, wurde es meist in der Obhut irgendeiner Bauersfrau im nächsten Dorf zurückgelassen.
Viel Prahlen und viel Gier trieben unsere gerüsteten Kämpfer immer aufs Neue an, doch der Tod und die Seuchen hielten Schritt mit unseren Eroberungen. Nach sechs Monaten – mein Pater hatte uns inzwischen verlassen – wusste ich nicht mehr, ob wir zu irgendeinem festen Ziel unterwegs waren. Und stellt euch vor: In den späteren Jahren ging es genau so weiter.
Unsere Heerscharen sahen sich außerdem immer wieder heftigen Stürmen ausgeliefert, die Zelte brachen, die Pferde wieherten angstvoll und voran ging es fast gar nicht. Wir hatten Wetterkundige dabei, die ihre Arme flehend gen Himmel reckten und auf Umkehr pochten. Bei unseren Pferdekriegern ernteten sie nichts als Gelächter. Dass wir durch Sturm und Windsbraut Dutzende von Männern verloren, entsetzte mich, unseren Tross hielt das nicht auf.
Unser Kaiser mit seinen tüchtigsten Männern war wirklich ein Draufgänger, nicht nur in Italien, auch in Tirol oder im Tal der Rhone trieb er sich herum, war gefürchtet – und geachtet. Doch irgendwie führte das zu keinem abgesicherten Reich, ständig gab es Ärger mit den Welfen, und die Heirat seines Sohnes Heinrich mit einer Normannenprinzessin half auch nicht. Schließlich, so hat man uns abends an den Lagerfeuern erzählt, musste er

notgedrungen in Venedig Frieden schließen, einmal mit dem Papst, kurz darauf mit den lombardischen Städten (Mailand!). Später saß ich als Grauhaariger vor meiner Hütte, mehr und mehr hatte ich in der Ferne das Heimweh verspürt. Beim Unterwegssein kam's mir manchmal vor, als hätten sie mir ein Bein abgeschlagen. Wie das schmerzte, wie mir mein Zuhause fehlte! Also kehrte ich, als sie mich nicht mehr brauchten, zurück. Nur wenige Dinge führte ich bei mir: meinen ‚Mars', meinen geliebten hellen Braunen, inzwischen zehnjährig, den meine Ritter mir mit auf den Weg gaben, einen Beutel mit etwas Wäsche, ein paar Erinnerungsschnipseln und einem Dutzend eingenähter Goldstücke – und mein Amulett, das ich besonders sorgfältig hütete.

In unserem Dorf gelang es mir, bei all meinen Enkeln und Neffen eine Neugier für meine Geschichten zu wecken; ich erzählte und erzählte. Wie sie an meinen Lippen hingen, wie sie mir zwischendurch Wasser oder Most zu trinken gaben, damit meine Stimme nicht brach, das hat mich glücklich gemacht. Eines Tages ritten dann Kuriere vorbei und verkündeten, Friedrich Barbarossa habe einen dritten Kreuzzug begonnen, sei aber zum Entsetzen seiner Mannschaften bei der Überquerung eines Flusses in Kleinarmenien (heute: Südosttürkei) ertrunken – das jähe Ende eines großen Schwaben (1190). Ich trauerte.

Da besann ich mich noch einmal auf mein Pilgerdasein, nun allerdings frei von irgendwelchen Kriegsdiensten. Schon früh hatte ich begierig zugehört, wenn überall von den Bischofsstädten Konstanz, Straßburg, Speyer, Worms oder Esslingen erzählt wurde. Und daneben berichteten pilgernde Mönche darüber, dass Bischöfe schön gelegene Klöster gründeten und ihnen Besitz zuteilten, auch „Reformklöster" wie Maulbronn oder Bebenhausen. Hätte man unser schönes Land auf einem fliegenden Teppich überqueren können, wären einem überall nicht nur die Burgen mit Dutzenden von kleinen Grafschaften aufgefallen, sondern auch die Klöster und die ersten größeren Orte, die hießen dann „Städte".

Mönche oder Bauern lernten, ihr eigenes Leben zu führen, das wurde uns immer wieder erzählt, und das hat mir gefallen. Doch eine andere Sache lag mir schwer auf der Seele. Überall ging es den Herren um Besitz; wenn uns Geschichten erzählt wurden,

dann solche, in denen ein König, Edelmann oder Ritter mit seinen Mannen neues Land hinzugewonnen hatte. Zu deren Verwaltung setzte er dann Lehnsherren ein, Grafen oder Vögte. Und, siehe da, nach einigen Jahren verfügten die eingesetzten Vertreter über das ihnen anvertraute Eigentum, als wär's ihr eigenes, sie behielten es in ihrer Familie und vererbten es weiter. So entstanden, das hörten wir immer wieder, mehr und mehr kleinere Besitztümer und Hausgüter. Ohne Gegenwehr der edlen Herren? fragten wir verdutzt. Man zuckte die Schulter, was sollen sie schon machen, sie können nicht ständig um ihren Besitz kämpfen, sie haben doch, wie man hört, Größeres vor. Nur was? Im Streitgespräch oder nach zu viel Most schrie ich's hinaus: Nur was?!
Einmal war es mir vergönnt, in eine „Gründungsstadt" einzutreten, nach Gmünd. Es bedurfte des Geleits eines Ritters, damit ich überhaupt durch das Stadttor eingelassen wurde, die ganze Ansiedlung war von einer riesigen Mauer umgeben. Und drinnen sah ich mit eigenen Augen, wie sich da eng beisammen die seltsamsten Handwerker und Händler mit Stoffen, mit Leder, mit Eisenwaren, mit Korn und sogar mit Wein beschäftigten, wie da besondere Häuser standen, wie bunte Märkte abgehalten und das alles von Ministerialen und Schultheißen beaufsichtigt wurde, denn ständig gab es Streit und Raufereien. Dazwischen tummelten sich die Kinder wie kleine Wilde, und die Frauen taten gut daran, sich nur scheu und zugeknöpft im Freien aufzuhalten. Und der Dreck, der Matsch, der Gestank… All das brachte offenbar Geld und sollte die Macht der Herrschaften sichern, mir schwindelte der Kopf. Ich spürte, da bahnte sich etwas Neues an.
Dann geschah, was geschehen musste: Nach der blühenden Stauferzeit ging es drunter und drüber. Die Zähringer, eine rührige Adelsfamilie im badischen Süden, mit Besitz im nördlichen Burgund und der nördlichen Schweiz, sicherten ihr Territorium und gründeten ebenfalls wichtige Städte. Sonst herrschte aber ein Klima der Missgunst, der Intrigen und der Gier nach mehr Besitz und Ansehen. Niemand besaß den Überblick – und der neue Staufer-Kaiser Friedrich II. hielt sich ab 1220 praktisch nur in Italien und Sizilien auf. Er wurde in Palermo geboren, das war bekannt, und wird, zusammen mit seiner sizilianischen Mutter, bis heute dort verehrt.

Nur selten drang Kunde über ihn an unsere Ohren. Er, hoch gebildet, sorgte für Furore durch Förderung der normannischen Kirchenbaukunst, durch Reformen und durch eine Befriedung im Heiligen Land. Wer kann, möge nach Apulien reisen, dort noch Stauferkastelle entdecken und die wunderbaren romanischen Kirchen besuchen, vorneweg die herrlichste, majestätisch aufragende Kathedrale in Trani; oder er möge den Spuren des Kaisers im sizilianischen Syrakus folgen. Friedrich II. hatte sich trotz der Kirchenbauten ständig mit dem Papst herumzuschlagen, beide bekämpften sich bis aufs Messer; schließlich entzog der Papst ihm sogar die Kaiserwürde, ein einmaliger Vorgang.

Als der Staufer-Kaiser 1250 starb, bildeten sich neue Machtverhältnisse im Südwesten heraus. Das war das Letzte, was mir noch zugetragen wurde. Die Habsburger meldeten über König Rudolf Ansprüche an, stießen aber auf erheblichen Widerstand. Still und leise hatte sich auch eine andere Hochadelsfamilie herangepirscht, anfangs als treue Gefolgsleute der Stauferkaiser und, wie man erzählte, eng verbunden mit dem uralten Kloster Reichenau am Bodensee: die Hohenzollern.

Neben ihrem Sitz auf der Zollernburg bei Hechingen gewannen sie bald die Burggrafschaft Nürnberg hinzu und begründeten dort Anfang des 13. Jahrhunderts die fränkische Linie der Hohenzollern. Aus ihr gingen, das muss man sich mal klar machen, im 15. Jahrhundert die brandenburgisch-preußischen Hohenzollern hervor. Heißt das, das spätere Preußentum entstamme schwäbisch-alemannischen Wurzeln? Unbedingt. Doch die Wurzeln hat man zu späteren Zeiten abgehackt.

Wieder und zum letzten Mal saß ich vor meiner Hütte, zittrig und fast blind, doch liebe Gefährten und zwei meiner Töchter pflegten mich. Die Kinder bestaunten mich wie eh und je, hüpften auf meinen Knien, zupften an meinem Bart, zogen an meinem Lederband – ich ließ sie lächelnd gewähren. Denn mein Inneres hatte sich schon längst hinwegbegeben, durchpflügt von Träumen, von Erinnerungen, von seltsamen Gestalten, die meinen Weg kreuzten und mir ihre Botschaft einhauchten. Ja, ja doch, murmelte ich zwischendurch, und die Kinder lachten einander zu und flüsterten.

Ein froher Bursche fiel mir, wenn ich lichte Augenblicke hatte, immer wieder auf. Eberhard, erwiderte er mir, als ich ihn nach seinem Namen fragte, sein Vater sei der Landvogt. Wie ich nach und nach herausfand, war er schlank, mit dunklem Haar, und sprach mit klarer Stimme. Ich merkte schnell, wie gierig er meine Erzählungen aufnahm, er wiederholte, fragte nach, seine Neugier war unersättlich. Ich gewann ihn lieb und schöpfte Vertrauen. Wenn ich abends hinauf in den Himmel sah, in das schwach aufscheinende Orange, etwas spürte von dem mehr und mehr entschwindenden Licht – dann glaubte ich. Ich glaubte, was ich im Kriegsgetümmel und in den Städten nicht schaffte. Ich glaubte, was mich nur ab und zu erfasste, wenn ich meine lieben Pferde umhalsen konnte. Ich glaubte an Gottes Ratschluss. Und an eine Wiedergeburt.
Da streifte ich mein Amulett ab und bedeutete Eberhard, es sich umzuhängen; er strahlte. Es ist mir eine Ehre, Väterchen, eine große Ehre, deine Geschichten sind bei mir gut aufgehoben, und sie werden weiterwirken, das gelobe ich.

* * *

André braucht drei Anläufe, bis er diesen ersten historischen Text geschafft hat. Je mehr er las, desto intensiver konnte er sich in die faszinierende Lebensschilderung hineinversetzen, die Fahrgeräusche der Bahn und die Leute um sich herum vergaß er glatt. Die Idee mit der erzählenden Ich-Person gefällt ihm sehr. Ein Pferdebursche bezeugt das frühe Mittelalter, verleiht dieser vergangenen Epoche Gestalt und Lebendigkeit! Wesentlich aber, sinniert er, bleibt wohl die Frage, was ihn daran für die Gegenwart anspricht. Spontan findet das Thema der Pferde seinen Beifall, er weiß, dass sich etwas davon durchzieht bis heute. Auch die Verbindungen zu Süditalien gefallen ihm. Ein weiteres Thema ist schwerer zu fassen: die Art und Weise, wie Herrschermacht räumlich organisiert wird, Prinzipien, an denen die tiefgreifenden gesellschaftlichen Umwälzungen ablesbar sind, erstaunlich aktuell, trotz völlig veränderter Umstände.

Die Bedeutung der regionalen Geschichte – sie spielt bei diesem Projekt offenbar eine besondere Rolle. Natürlich bruchstückhaft, die Ich-Person bastelt so herum, macht das Ganze konkreter, lebendiger. Damit lässt sich auch das Dilemma ein wenig überwinden – ja, fiel ihm beim Lesen immer wieder ein: das Dilemma, dass die gegenwärtig verfügbaren Erinnerungen bestimmt nicht mehr als hundert Jahre umfassen.

Da erinnert er sich an eine Bemerkung von Patrick, aus anderem Anlass. Es gebe, meinte der, auch den Glauben daran, dass wichtige geschichtliche Ereignisse einer späteren Zeit einen Stoß versetzen können. Manchmal reicht nur ein kleiner Klick, erzählte er, und schon taucht die Gegenwart ins Vergangene, wird das Vergangene wieder lebendig. Ich hab das mal bei Kirchenfenstern entdeckt, sehr schön. Du kennst den Namen Chagall, er hat in mehreren alten Kirchen die Fenster mit seinem besonderen Stil, der modern ist, neu bemalt – und siehe da, alle Leute sind begeistert. Warum? Weil er auf diese Weise, durch seine Kunst, eine Verbindung zwischen den Jahrhunderten ermöglicht hat. Ja, das macht André jetzt froh!

Zwei Fragen bleiben offen: Warum wird er gerade jetzt, am Anfang des Projekts, damit gefüttert? Wer verfasst diese Schilderungen der Ich-Person?

FRANZISKAS ENERGIE

Er nickt ein. Auch Uta huscht durch seine schläfrigen Gehirnwindungen. Seltsam, ihm wird's wieder warm ums Herz, wenn er an sie denkt. Was hat sie ausgelöst? Er antwortet sich selbst: Sie hat mir als einem Fremden beigestanden, und sie besitzt Herzenswärme, mir wird wohl bei ihr. Schon rumpelt der ICE aus dem dröhnenden Frankfurter Hauptbahnhof hinaus Richtung Süden.

Jetzt stehen Franziska und ihr Lachen lebhaft vor ihm. Sie hatten sich vor zwei Jahren kennengelernt, als er für eine Reportage in das kleine Städtchen mit den berühmten Literaturtempeln gereist war. Sie gehörte zum Empfangskomitee, ein Wort, das wohl heute niemand mehr gebraucht, ihm kam sie aber ‚komiteehaft' oder besser gesagt: ‚kometenhaft' vor. Sie hatte diesen Drive. Ihr Blick blieb immer wieder an ihm haften, sie plauderten, als wären sie vertraut miteinander. Seinen Bezug zur Straßburger Zeitung fand sie aufregend, und später am Abend, als die meisten Gäste weg waren, lud sie ihn ohne Drumherum in ihr Zimmer ein, und er versank.

Ab da wussten sie beide, dass etwas Neues heranwuchs. Doch bis heute bleibt es meist bei sporadischen Gemeinsamkeiten, er sitzt in Straßburg und sonstwo, sie nördlich von Stuttgart. Ihre Begegnungen müssen geplant werden, das Ganze verströmt einen Hauch von Besonderheit, sie teilen ihr Leben nicht. Was aber – wie André jetzt weiter sinniert – vielleicht gut ist, denn wie er erkannt hat, führt Franziska außerhalb ihres Berufslebens ein völlig unsortiertes, nerviges Privatleben, das er nur mit Kopfschütteln quittieren kann. Sie zuckt die Schultern dazu, und er weiß nicht, wie damit klarkommen.

Jetzt ist er gleich da. Im Moment der Ankunft kommt ihm in Mannheim alles fremd vor.

Wie schön, wie gut, Lea! ruft André zwei Tage später, umarmt sie und drückt ihr einen Kuss auf den Hals. Diesen schlanken Hals liebt er sehr, dazu ihre kastanienbraunen Haare, meist hochgesteckt, die silbrigen Augen, die Ohrläppchen. Er erschnüffelt ihren Duft und ihre Wärme. Und neckt sie gerne mit ihrem zweiten Vornamen.

Holla, mein Lieber, bist du etwa stürmisch? Sie lacht ihr kehliges, freches Lachen. Diese Anleihe bei der Natur, weiß er, ist nicht wörtlich gemeint, denn wie ein Sturm hat er sie noch nie zerzaust oder umgeweht. Und an Shakespeare wird sie auch nicht gedacht haben. Er spürt, sie will nur seine unverstellte Wiedersehensfreude erwidern, also dann.

Nach den beiden Erholungstagen im Mannheimer Domizil und einem kurzen Besuch bei der Straßburger Redaktion treffen sie sich nun zum Wochenende in einem hübschen Landhotel, in den Löwensteiner Bergen. Der ganze Wust der Berliner Zeit muss erst einmal abgelegt werden. Uff, stöhnt er, es gibt viel zu verdauen, glaub mir.

Es dauert. Sie speisen im Hotelrestaurant. Dazu trinken sie eine Flasche vom herben Verrenberger Rotwein, aus fürstlichen Trauben, samt einer Karaffe Wasser. Essen und Wein wärmen, sie fühlen sich beide behaglicher, sie können einander zuhören.

Sie erzählt von Anfragen zu den Spezialsammlungen des Literaturarchivs und zur Vorbereitung einer Fachtagung. Ihn fasziniert ihr Beruf, oft schon war er Nutznießer ihrer vielen Kontakte und Kenntnisse.

Das würde er auch in den nächsten Wochen brauchen können, einige zentrale Themen seines Manschetten-Projekts treiben ihn um. André trägt auch jetzt das Gerät, Franziska hatte ihn neulich energisch gedrängt, sich zu beteiligen, nicht ohne Eigeninteresse. Er hat sich bereits daran gewöhnt, etwas aufzunehmen oder abzusenden oder im Verzeichnis zu speichern.

Er erzählt von Berlin, lässt nichts aus, merkt aber, während er sich selbst zuhört, dass er hie und da doch etwas milder spricht als er's erlebt hatte. Ihre Augen werden größer, als die Rede auf den Schwindelanfall kommt, auf das Kind, auf seine Ohnmacht. Und als er davon berichtet, wie er von den beiden Burschen verhöhnt wurde und wie einer ihm auf den Leib rückte, fragt sie sofort, aus welchem Land sie stammten. Er schweigt verblüfft, das kann er nicht wissen.

Knapp erzählt er noch von seinem Briefkasten. Als er kurz nach seinem Straßburger Appartement schauen wollte, habe er beim Näherkommen im Eingangsbereich einen schmierig aufgeklebten Zeitungsausschnitt entdeckt: sein Bericht über die Berliner Clans! Mit Filzstift etwas Schwarzes darüber gemalt, nicht zu entschlüsseln. Er habe sofort seine Redaktion angerufen. Die wussten natürlich nichts, nur mühsam sei es dem Chef vom Dienst gelungen, nicht alarmiert zu wirken. Er solle vorsichtig sein, frommer Wunsch.

Franziska möchte Andrés geschilderte Eindrücke gutwillig aufnehmen. Doch sie verspürt auch einen leichten Ärger, weil er sich so unbeholfen verhalten hat, so verwundbar erscheint. Das erinnert sie an ihre eigene Vorgeschichte, an ihre erste Partnerschaft, als sie Holger damals loswerden musste, weil sie seine Schwäche nicht mehr hinnehmen konnte. Ein starker, harter Kerl reizte sie am meisten, sie brauchte das, sie stand darauf und dazu…

Jetzt schiebt sie alles weg und wirkt echt besorgt: Mensch André, du bist da in was reingeraten, weißt aber noch nicht, ob das wirklich gefährlich wird, stimmt's? Sie nimmt seinen Kopf in beide Hände und drückt ihn zärtlich. Sie liebt seine dunkle Stimme, dunkel und ein wenig rau. Er schmunzelt und wird froh dabei. Sie drängt ihn in leisen behutsamen Sätzen, diese Vorfälle trotzdem weiterzuverfolgen, aber, wie sie es ausdrückt: mit hoher Achtsamkeit.

André geht raus, nach der Toilette raucht er ein Zigarillo. Als er zurückkommt, sieht er, dass sich eine fremde Frau, eine Jüngere mit schwarzen Haaren, zu Franziska gesetzt hat. Sie sind offenbar in ein Gespräch vertieft. Sofort ist er auf Alarmstufe eins (‚hohe Achtsamkeit'), wer ist das, woher weiß sie, dass Franziska hier ist? Er geht auf die beiden zu, schaut stirnrunzelnd von einer zur anderen, räuspert sich. Franziska ruhig: André, komm, setz dich. Eine Überraschung, das ist eine junge Kollegin, Judith. Und diese hübsche junge Judith mit blitzenden dunklen Augen begrüßt ihn höflich.

Franziska erklärt ihm, sie habe zugesagt, Judith wegen eines Stipendiums zu helfen. Jetzt ist sie in Terminnot, und braucht einige Angaben von mir, das ist in zehn Minuten erledigt. Die Hoteladresse stammt von dir? fragt André verdutzt. Nicht direkt, aber sie hat das in unserem Büro ausfindig gemacht, wichtige Leute bei uns (sie grinst dabei) hinterlassen immer bei jemand, wie sie notfalls erreichbar sind. Er beruhigt sich, doch die Sache stört ihn, er will nicht, dass ihre entspannte, behagliche Stimmung entgleitet. Die beiden Frauen gehen ins Foyer, tatsächlich ist Franziska ein paar Minuten später schon zurück, setzt sich eng zu ihm hin, reibt lächelnd seinen Arm, knuffelt ihn – und er ist versöhnt.

Sie treten vors Haus, Franziska zeigt auf den Himmel. Über den fernen Hügeln sehen sie einen letzten Rest des Sonnenschimmers, darüber hellblau, dann Quellwolken in grau und lila, noch weiter oben dunkleres Blau – da ahnt man bereits die einbrechende Dunkelheit. Dazu ein leichter, milder Wind. Sie umarmen sich und atmen tief ein: pures Wohlgefühl!

Nachts finden sie zueinander. Und am nächsten Morgen rempelt sie ihn an: Hast du meine Handtasche gesehen? Sie benutzt eine für Frauen eher kleine Handtasche, in den größeren konnte sie nie das finden, was sie gerade brauchte. Er bedeutet ihr brummig: Nein, bleib noch. Sie springt aus dem Bett, öffnet sämtliche Schranktüren, durchwühlt Wolldecken, Hemden und Unterwäsche, stürmt ins Bad. Dort ein kleiner Aufschrei, triumphierend kehrt sie zurück. Unter dem Häuflein Wäsche auf dem Fußboden – André erinnert sich gut – hatte sich die Handtasche versteckt, sie wollte ihre Ruhe haben.

Franziska nimmt die Geldbörse und zählt nach: alles komplett, auch die unverzichtbaren Kärtchen, ist das nicht toll? Soll so unser gemeinsamer Tag anfangen, liebste Lea, oder kannst du nochmals locker werden? Sie schauen sich an und lachen dann gleichzeitig. Komm, frühstücken, auf geht's!

Beim Frühstück unterhält sie ihn mit Judiths Vorhaben: Ihr Thema ist Kurt Pinthus, sein Leben, seine Würdigung, sein Nachwirken. André hebt ratlos die Schultern. Du wirst gleich verstehen, mein Lieber, und du kannst gerne den Aufnahmeknopf drücken. Sie weist auf seine Manschette. Das macht er.

Sie legt los:

Ein deutscher Gelehrter, Literaturhistoriker, Schriftsteller, geboren 1886 in Erfurt, eine deutsch-jüdische Familie. Lebte anfangs in Leipzig, nach dem Ersten Weltkrieg in Berlin, etwa 1938 Exilausreise nach New York, wird Amerikaner, ab den 50er Jahren wieder in Deutschland – und jetzt pass auf: ab 1967 wohnhaft bei uns in Marbach, zusammen mit seiner Schwester, bis zu seinem Tod 1975.

André merkt, wie sie sich begeistern kann, sie stupst ihn auf die Brust: Pinthus hat voller Witz geschrieben, kundig und schlagfertig, aus einem unerschöpflichen Fundus, echt mit Bumms. Für dich gibt's bei seinen Arbeiten zwei Verbindungen, einmal zu Annette Droste-Hülshoff, von ihr hat er, mit etwa 25 Jahren, bisher unbekannte Briefe veröffentlicht, dann zu René Schickele, dem Elsässer. André horcht auf. Ja, Schickele, einer der Autoren des Expressionismus. Von denen gab Pinthus 1919 eine Sammlung von Lyriktexten unter dem hellsichtigen Titel ‚Menschheitsdämmerung' heraus. Ich meine, die beiden waren befreundet.

André staunt nicht schlecht – das sind kulturelle Querverbindungen, die ihn anfeuern. Er will die Manschette mit Anmerkungen füttern, doch Franziska bittet um Aufschub. Ich möchte dir noch etwas zu Judith sagen: Sie war in Tel Aviv mehrmals in Anschläge und Bedrohungen durch Palästinenser verwickelt. Dabei ist ihr klar, dass die Israelis selbst dazu beitragen, sie schüren die Feindbilder, sie rüsten weiter auf, sie untergraben eine Zweistaatenlösung – vorneweg die Geheimdienste. Ich mag Judith, sie findet keine Ruhe. Sie benutzt ihre Studien dazu, sich weiteren Bedrohungen zu entziehen, hoffentlich geht das gut.

STREIFZÜGE

Franziska und André entscheiden sich für einen zweitägigen Ausflug zu den Pferden. Er hatte ihr einen Teil des Staufer-Textes gezeigt, von dem Pferdeburschen, von den Feldzügen mit Pferden – obwohl Franziska nicht in diese dunklen Zeiten eintauchen möchte, ist sie dabei. Schon die Namensgleichheit zwischen ihrem Arbeitsort und dem bekannten Gestüt findet sie cool: Das muss man doch miteinander in Beziehung setzen. Und wie? – durch mich.

Jetzt verzweigen sich ihre Unternehmungen. Franziska bleibt noch an ihrem Arbeitsplatz und fährt morgen zum Gestüt, André wird mit einem kleinen Mietwagen Richtung Schwäbische Alb fahren und dort übernachten.

Als sie sich verabschieden, erzählt sie ihm davon, dass genau an diesem Abend eine Ausstellung zum Thema ‚Schicksal' im Literaturarchiv eröffnet werde, und sie doziert im Plauderton: Es gibt ja, wie Hegel wusste, keinen Zufall, der ist nur eine besondere Art und Weise, wie sich die Notwendigkeit durchsetzt – so auch das Schicksal? Keine Ahnung. Doch könnte es sein, dass manchmal etwas am Wirken ist, das uns unvorbereitet trifft, ein Verhängnis, ein jähes Unglück, eine dunkle Verkettung von Lebensumständen? André weiß, wie sehr es sie reizt, mit solch freisinnigen Gedanken zu spielen.

Spürst du die Zeit, wenn du im Archiv arbeitest? André schaut sie nachdenklich an. Die Frage erstaunt sie. Zeit spüren? Das habe ich noch nie so empfunden. Wenn ich's auf mein Tun anwende: Meine Zeit ist nicht präpariert, ich muss sie nicht vertreiben, ich kann sie eigenständig füllen, damit fühle ich mich wohl. Und die Beschäftigung mit der früheren Literatur öffnet Räume, weite Räume. – Darum beneide ich dich. Es hat sicher damit zu tun, dass du hier am festen Ort tätig bist. Ich dagegen bin viel auf Achse, da wird die Zeit manchmal vertan, vergeudet. Und wenn ich mir das bewusst mache, bin ich verärgert.

Manchmal, jetzt lächelt sie, spüre ich doch so was, ein Stehen-Bleiben der Zeit, wenn ich selbstvergessen bin, ein gelassenes Zuwarten. Doch auch das Gegenteil kann sein, ihr Gesicht wird plötzlich ernst, eine schwere Zeit bei vergeblicher Sehnsucht, bei Trauer. Und du?

André fragt, ob sie sich an Tschernobyl erinnern könne. Als sie mit der senkrechten Hand zögernd abwägt, erzählt er davon, wie sie damals, 1986, wochenlang die Zeit als stehen geblieben und bedrohlich erlebt hätten: Die Kinder mussten Spielplätze meiden, und bestimmte Lebensmittel, vor allem Pilze und Wildgerichte, galten als tabu. Es war bedrückend, die Bedrohung war nicht zu fassen, die Menschen zogen sich zurück. Später kam's uns so vor, als habe die Zeit damals einen Schlag versetzt bekommen.

Unversehens schimmern nun Sonnenstrahlen durch die Bäume, die ersten herbstlichen Farben wirken belebter, goldener. Das langsam herabrieselnde Laub erzeugt eine spielerische Lebendigkeit, obwohl es doch das Vergehen ausdrückt. André und Franziska drücken sich beim Abschied innig.

Der Laubwald schmückt sich auch auf den Höhen, wie André eine Stunde später sieht, mit einem Herbstschimmer, helles Gelb, helles Braun, kaum Rot. Er übernachtet in einem einfachen Gasthof. Morgen wird er zu einem besonderen Treffen im Wald fahren, das ist mit seiner Redaktion so abgesprochen.

Auf der Burg oben kann man einkehren. Die drei, die sich hier verabredet haben, holen sich Würstchen mit Salat und füllen ihre Wasserflaschen auf.

Forstrat Gutbrod heißt eine jüngere Frau und André willkommen. Er wirkt jung und dynamisch, im vertrauten Förster-Look und mit dünnem Schnurrbart. Sofort holt er eine Karte aus seinem Lederrucksack und führt den rechten Zeigefinger eine Route entlang. Die Frau trägt schwarze Hosen und einen hellblauen Pulli, die rötlichen Haare etwas ungezähmt, ein schönes, ausdrucksstarkes Gesicht, findet André, mit winzigen Lachfältchen an den Augen. Sie stellt sich als Corinna Haber vor: Bin von Beruf Konzipistin. Aha!

Ein paar Burschen in Motorradmontur lärmen am größeren Nebentisch. André kommt es vor, sie gebärden sich so, weil sie es genießen, ein Publikum um sich zu haben. Fünf, sechs ältere Paare sitzen verteilt an weiteren Tischen, zwei, drei Leute zeigen ihren Ärger, denn es ist lauter als sie es sich wünschen. Ein paar jüngere Wanderer sitzen abseits vor ihrem Getränk. Die Kellnerin zuckt mit den Achseln.

Während die drei ihre Würstchen essen und der Forstrat nebenher dies und das erzählt, verwandelt sich für André die Szene. Er meint zu sehen, wie ein Bursche zunächst langsam aufsteht, dann aber losspringt, sich auf zwei der Motorradfahrer stürzt und dann – ist das nicht ein Messer? Es sieht aus, als blitze ein Messer, als steche er ohne Vorwarnung auf die beiden ein. Und André ist's, als dröhne ein einziger Aufschrei durch den Raum. Und an dem Tisch der Verletzten? Da stoßen doch die anderen Motorradfahrer ihre Stühle nach hinten und wollen den Angreifer fassen. Und der? Er hält, so sieht es aus, sein Messer am ausgestreckten Arm ihnen entgegen, offenbar geübt darin, weicht dabei Schritt für Schritt zurück. Er gelangt zur Tür, André starrt wie gebannt dorthin, schon ist die Tür aufgerissen und der Messertäter im Nu verschwunden.

Die Konzipistin starrt ihn an. Was haben Sie, was ist los? Er wischt sich über die Augen, schaut vor sich hin. Seltsam, flüstert er, ich sehe Gespenster, war da nicht ein Mann in dunklen Jeans und weinroter Jacke? Ja, stimmt, der hat sich inzwischen verabschiedet, hat noch zu den Motorradfahrern hinüber gebrummt – warum? André hilflos: Er hat sie nicht attackiert? Sie macht große Augen und schüttelt den Kopf, entschieden.

Sie brechen auf, und Corinna Haber sagt: Klar, machen wir, als er fragt, ob er sie mitnehmen könne. Ein leichter Akzent fällt ihm auf. Der Forstrat fährt voraus, ihr Ziel befindet sich oberhalb von Bad Urach. An einem Wanderparkplatz stellen sie ihre Fahrzeuge ab, dann sind sie noch eine Viertelstunde zu Fuß unterwegs. Die Frau hat etwas In-sich-Ruhendes, was André als aufreizend empfindet, eine seltsame Ausstrahlung. Er fragt sie rundheraus, was denn eine Konzipistin zu tun habe, er kenne diesen Beruf nicht.

Nun lächelt sie andeutungsweise, beginnt ihm tatsächlich etwas zu erklären. Sie sei aus Innsbruck, eine genaue Aufzeichnerin, sie dokumentiere Sitzungen, bereite Unterlagen vor für

Verhandlungen, arbeite auch mit Storyboards etc., sei aber gleichzeitig, wie sie sagt und lacht dabei, eine frei Flottierende. Als er ratlos schaut, ergänzt sie: Ganz einfach, das eine sind meine Kenntnisse, das andere ist meine Naturverbundenheit, beides will ich zusammenbringen.

Sie erzählt von Schautafeln, von Entwürfen für geschichtliche Hinweise, vom Verknüpfen einzelner Wegmarken, zum Teil auch in Englisch und Türkisch. Ab und zu zeichne sie sogar Skizzen über lohnende Höfe oder Häuser zum Einkehren. Keine Sorge, darunter könne sich auch Aufmüpfiges mischen, Graffiti oder Aufreißer-Plakate. Und sie lässt André einen Blick in ihre Umhängetasche werfen: mehrere Zeichenblöcke, Wanderkarten, zahllose Stifte, Marker, Tuschfarben, Pinmaterial, Notizzettel, Papierrollen, ihr Smartphone.

Sie treten aus dem dunkleren Wald ins helle Grün mit weitem Blick. Seitlich liegen einige mächtige Buchenstämme. Der obere dient ihnen als Sitzbank. Achim Gutbrod beschreibt mit seinem rechten Arm einen gewaltigen Bogen und erklärt, hier sei dreierlei zu sehen: einmal die Baumschäden durch zu viel Trockenheit, bei Fichten und Tannen, aber auch Kiefern und Eichen, zum zweiten die Stabilität des Laubmischwaldes, zum dritten die kleinen Zonen aus Moderholz und nachwachsenden Bäumchen – das alles bunt durcheinander. Und dann dozierend: Unser Ziel ist klar, wir wollen durch geeignete Aufforstungen wieder einen Wald bekommen, einen veränderten Wald, der widerstandsfähig ist.

André spürt einen leichten Ärger in sich aufsteigen. Aber Herr Gutbrod, was soll das?! ruft er. Warum führen Sie uns ausgerechnet hierher, in diese beschauliche Waldnische? Ich möchte meiner Redaktion von Situationen berichten, die gravierend sind, die Leser sollen begreifen, es ist fünf nach zwölf für die Waldrettung. Er schüttelt den Kopf. Im Schwarzwald wären doch drastischere Situationen zu besichtigen, oder? Er blickt den Forstrat fest an – und entdeckt ein gewisses Zögern bei ihm. Doch das streift der rasch ab, reckt sich und versucht jeden Zweifel wortreich zu entkräften. Sein Schluss: Vertrauen Sie mir, dies hier ist ein gutes Anschauungsbeispiel. André schaut zwischendurch Corinna Haber fragend an.

Sie lächelt etwas mühsam, und als der Fachmann kurz Luft holt, unterbricht sie ihn: Sollten wir nicht auch meine Aufgabe

ansprechen? Achim Gutbrod stockt jäh, meint dann aber genüsslich:
Ja, wir haben uns zusammengetan. Der rettende Umbau des Waldes soll gut kommuniziert werden. Frau Haber steht für originelle Methoden, arbeitet viel mit Bildern, wir sind froh an ihr. Extra jemand aus Österreich? fragt André, und merkt sofort, dass er jetzt ihren Unwillen erregt. Sie zischt ihn an: Und extra einen Journalisten aus dem Elsass? Gut, gut – das reicht jetzt, meint der Forstrat jovial und lauscht in den Wald. Ah, unser Überraschungsgast!

Ein Motorrad rattert heran, stoppt seitlich, ein schlaksiger Mann nimmt den Helm ab und tritt zu ihnen. Willkommen, ruft der Forstrat ihm entgegen. Dies ist Herr Meisinger von der Stiftung Trees for Climate, die Stiftung hat zum Wald internationale Erfahrung und wird sich hier engagieren, super ist das, auf diese Weise können wir in einem viel größeren Umfang investieren.

Herr Meisinger blickt sich forsch um, nimmt aus seiner Umhängetasche einige Unterlagen. Dann malt er ein Bild des geplanten Vorhabens hier auf den Albhöhen. Eloquent und smart tut er das. André runzelt mehrfach die Stirn, weil ihm die Gedankenflüsse des Herrn Meisinger nicht geheuer sind. Bevor er sich aber einschaltet, vibriert sein Handy, mehrfach.

Er tritt, im Blick um Verständnis werbend, zur Seite und hört Ulrikes Stimme, doch der Empfang ist schlecht. Was ist? ruft er. Sie spricht jetzt langsamer, genauer, endlich wird er schlau. Bist du sicher? fragt er zurück. Pause. Rike, hör mal, Wahnsinn! Er schickt ihr seine innigsten Wünsche und drückt langsam den roten Knopf. Schwanger. Er ist durcheinander, wie kann er damit im Moment umgehen? Ihm ist froh zumute, froh und warm.

Herr Meisinger ist weiter am Erzählen. Soeben schildert er farbig ein Projekt im Süden von Mexiko, da würden auf „riesengroßen degradierten Regenwaldflächen“ Aufforstungen vorgenommen. An ihnen wirke ihre Stiftung mit, sie verfüge über renommierte Schirmherren und ausgewiesene Fachleute. Das wolle man sich auch hier zunutze machen. Der entscheidende Clou (er nimmt zwei Finger): Durch Anpflanzungen in großem Maßstab werde die CO_2-Bilanz verbessert, und die Kosten dafür ließen sich fast vollständig durch Baum- oder Revierspenden privater Geldgeber finanzieren.

Da horcht André auf. Gleichzeitig werden in ihm Zweifel geweckt. Wenn er das richtig weiß, brauchen neu gepflanzte robuste Bäume länger als zwanzig Jahre, bis sie überhaupt Kohlendioxid aufnehmen können. Obwohl man offenbar daran arbeitet, das Nachwachsen junger Bäume zu beschleunigen. Und ein Beispiel aus Mexiko? Liegen in subtropischen Regionen nicht völlig andere Bedingungen vor? Diesen Wald hier und ein solches Vorhaben dort – das bringt er in seinem kleinen Hirn nicht zusammen. Oder ist er nur abgelenkt?

Er fragt den Stiftungsexperten nach detaillierten Unterlagen. *Nouvelle d'Alsace Strasbourg?* fragt der zurück. Als André bejaht, schiebt er lässig nach: Alles Nötige liegt dort bereits vor – und lächelt dazu. Das stößt nun allerdings dem Korrespondenten André Hornschuh gallig auf. Warum weiß er davon nichts? Rasch stellt er die nächste Frage: Gibt es bei uns auch für die Nadelhölzer eine Zukunft? Da zeigt sich der Stiftungsmensch irritiert, doch der Forstrat springt in die Bresche: Selbstverständlich, auch in Zukunft müssen Bäume nachwachsen, die in kürzerer Zeit geerntet werden können. *„Geerntet"* speichert André, die Sprache kann verräterisch sein. Seine Gedanken schweifen ab, zu Baumhäusern, zum Spiel als Kinder mit Verstecken und Kletterübungen, zum Sammeln von Bucheckern und Pilzen, zum Liegen im Moos mit einem Mädchen…

Das hier – und wieder beschreibt des Försters Arm einen gewaltigen Bogen – soll auf alle Fälle eine robuste Aufforstung werden, es geht um artenreiche Mischwälder, nicht um die Sägewerke. So ein Waldumbau benötigt freilich seine Zeit, die Klimaveränderung ist schneller, leider, der Wald ist träge.

Es soll, kontert André, seitens der Klimaforschung die Forderung geben, bei entnommenem Nutzholz sofort nachzupflanzen und auf diese Weise viel mehr Holz als Baumaterial bereitzustellen. Also doch Sägewerke. Genau, so Meisinger mit festem Blick zum Forstrat, wir binden CO_2 und fördern gleichzeitig den Markt der Bauwirtschaft. Und was ist mit dem Wald in Privatbesitz? hakt André weiter nach – und bleibt diesmal ohne Antwort.

Noch eine Weile geht es hin und her, bis Meisinger auf die Uhr blickt, André rasch noch einige Papiere in die Hand drückt und zwei Minuten später mit lässigem *‚Servus'* seine Maschine anwirft und verschwindet.

Kann ich, wendet sich André an die Konzipistin, Ihre Mitarbeit in meinem Bericht erwähnen? Sie nickt ihm aufmunternd zu: Aber sicher, ich schick Ihnen noch ein paar Proben von meiner Tätigkeit. *Hören'S,* ich hätt nie gedacht, dass ich mal in Straßburg Furore machen werd. Da lachen alle drei. Trotzdem spürt André weiter ein seltsames Unbehagen, als sei er hier nicht nur schlecht vorinformiert gewesen, sondern auch hinters Licht geführt worden.

Sie brechen auf. In dem Moment schnurrt erneut Andrés Handy. Wo steckst du, kann ich sprechen? Franziskas Stimme, sie hört sich gehetzt an. Er blickt die anderen entschuldigend an und tritt hinter eine Buche. Bin noch beim Waldmeeting, hast du Neuigkeiten? – Hör mal, ich bin seit einigen Stunden im Gestüt, hier knirscht es mächtig im Gebälk, ich weiß nicht, was tun, eine mächtige, aufsässige Demonstration. Gegen Pferde? fragt André dazwischen und merkt sogleich, wie blöd das klingt. Gegen das Wegsehen, das pflegen offenbar die ach so sportlichen Pferdefreunde.
Also: Es geht um die Erinnerung an Euthanasieverbrechen, die sind offenbar nur ein paar Kilometer entfernt von hier begangen worden. Fast alle Besucher sind verärgert, aber auch hilflos. – André zögert nur kurz, Franziskas Ruf darf nicht verhallen, das spürt er sofort: Ich komme, wir treffen uns am Eingang. Sie ist erleichtert.

Am Parkplatz wird der Forstrat mit Lob verwöhnt und verabschiedet, die beiden Gäste fahren wieder gemeinsam zurück. André verspürt den Wunsch, noch mehr über die Tätigkeiten der Konzipistin zu hören. Und wie läuft's bei den Wegmarkierungen im Alltag?

Schwer ist's, meint sie ohne Zögern, alle möglichen Wünsche zu integrieren, das ist das Hauptproblem. Und die Erweiterung um andere Sprachen – für mich sind das übrigens keine Fremdsprachen – schafft Konflikte. Aber ich lass mich nicht irre machen. Wählen Sie die Orte unter bestimmten Gesichtspunkten aus? Gute Frage, antwortet sie. Na ja, zunächst geht es natürlich um Attraktionen, aber ich weiß, dass manche Plätze noch eine andere Qualität besitzen, das sind Kraftorte. Und sie erklärt ihm, welche Eigenschaften damit gemeint sind. André blickt etwas skeptisch, aber die Vorstellung von Kraftorten gefällt ihm.

Und jetzt? André informiert sie kurz, dass er sich absetzen müsse. Schade, meint Corinna Haber, und es klingt echt, von

Ihnen weiß ich ja noch gar nichts. Sie überlässt ihm, als sie aus der Jackentasche einige Papiere gefischt hat, eine kleine Terminaufstellung – und schon beim ersten Blick erkennt er, dass darunter auch eine Telefonnummer samt Website eingetragen ist. Das genügt ihm, sie steigt an der Bushaltestelle aus, er drückt ihren Arm und verschwindet.

ÜBERGRIFFE

Er ist spät dran, Franziska wartet regungslos, mit ernstem Gesicht, vor dem Tor. Sie nimmt ohne Erklärung seine linke Hand und steuert seitlich auf einen kleinen Weg zu, der die Gestütsgebäude umläuft. André sieht gerade noch, dass im großen Eingangshof mehrere kleine Gruppen stehen, offenbar in heftige Diskussionen verwickelt. Was ist los, Lea? Schau, bedeutet sie ihm, da oben steht eine Bank, ich werd dir gleich erzählen, was los ist.

Ich habe, fängt sie an und drückt ihm eine Flasche Wasser in die Hand, in der großen Reithalle an einer öffentlichen Vorführung teilgenommen. Tolle Pferde, tolle Darbietungen, gute Stimmung – bis dann plötzlich aus einer Gruppe Besucher ein Transparent emporgehalten wurde, der Text: ‚*Schont die Untauglichen!*' Es gab sofort empörte Schreie, fast niemand hat auf Anhieb verstanden, was die wollen. Und schon tauchte ein zweites Transparent auf: ‚*Pferde ins kollektive Gedächtnis!*'. Das erntete keine Schreie aber Kopfschütteln. Dann verteilten einige Handzettel, und damit wurde Handwerk der Pferdekenner, das sie loben, müsse durch einen kritischeren Umgang mit der Pferdegeschichte ergänzt werden. Und sie fordern, bei der kollektiven Erinnerung auch die nahe gelegene Gedenkstätte einzubeziehen. Das vor allem hat bei vielen den Zorn hochkochen lassen.

André kann von hier oben die Szene wie ein Panorama vor sich liegen sehen. Einige noch im Reiterdress mit Gerte, andere, meist Jüngere, mit Fähnchen und Papierstößen, für die sie Abnehmer suchen, dann wild hin und her Gestikulierende in Anoraks und Schirmmützen, offenbar Besucher, seitlich ein Häufchen mit vier, fünf ruhiger Diskutierenden, darunter eine blonde Frau, schließlich drei jüngere Männer mit Peitschen und Stöcken in der Hand, ungeduldig hin und her wippend, sprungbereit.

Und schon beginnt sich in ihm wieder ein seltsamer Verlauf zu bilden, ohne sein Dazutun, das Panorama wird zur Turbulenz, er meint scharfe Ausrufe und wilde Kommandos zu hören, dann sogar Schreie voll Wut oder Schmerz. Er reibt sich die Augen, knetet die Hände, spürt dann Franziskas Arm auf der Schulter und findet wieder zurück.

Mach langsam, die aktuelle Lage hat sich beruhigt, berichtet sie. Vorher war es heftiger, jetzt suchen viele nach einer Verständigung. Bevor ich aber weitererzähle, zuerst noch was ganz anderes. Ihre Stimme wird leise, brüchig. Weißt du, druckst sie herum, du solltest rasch hier sein, weil es noch ein anderes Problem gibt.

Ihr ist bang zumute, und sie spürt auch wieder eine Stinkwut aufsteigen. Einige Zeit später, beginnt sie, bin ich zu den Stallungen geschlendert. Ich wollte mir einige Pferde genauer anschauen. Doch da hab ich entdeckt, dass es eine Art Mittagsruhe gibt, die Stallungen können in der Zeit nicht besucht werden. Ich will mich schon abwenden, als mich einer der Stallburschen anspricht: Ich kann Sie gern reinlassen, merkt niemand. Und öffnet schon die Stalltür und schaut mich einladend an. Da bin ich einfach mitgegangen. Drinnen war's etwas duster, er hatte hinter sich zugemacht.

André ahnt, was kommt, und will es doch nicht glauben. Genau, du schaust schon so, murmelt sie. Es konnte eigentlich nur eines geben: umkehren! Sie schiebt sich Haare aus der Stirn. Kurz, er drückt mich plötzlich gegen die Holzwand und flüstert: Wir könnten eine schnelle Nummer schieben, wie wär's damit? Und fasst mir an den Busen. Ich schieb ihn weg und werde laut. Da sagt er frech: Hören kann dich hier keiner, also… Und drückt mich weiter, fasst mich unten an. Ich strample, trommle mit meinen Fäusten, ziehe ihn an den Haaren, schreie. Das Pferd hinter dem Verschlag stampft heftig auf. Schließlich kann ich ihm mein rechtes Knie mit Wucht zwischen seine Beine stoßen, er taumelt zurück, stöhnt, hält sich beide Hände davor. Ich renn weg und bin draußen, bevor er reagieren kann. Das war's – sie atmet aus und blickt André suchend an.

Er sagt wütend: So ein Drecksack! Dann nimmt er ihre Hand: Das hast du gut gemacht, Lea, Glück gehabt! Erleichtert fährt sie fort: Ich bin zwischen anderen Ställen durchgerannt bis zu den Hügeln, wo seitlich die Wohnungen liegen, und dann weiter ins schützende Gelände. Ich war schockiert und fühlte mich elend. Ich hab mich gesammelt, hab meine Bluse und die Haare gerichtet und dich angerufen.

Das Ganze machte mich wütend, vor allem war ich wütend über mich selbst, ich hatte mich ja leichtsinnig in diese Lage gebracht. Die ganze Zeit blieb ich abseits. Ich hab dich vermisst. André umarmt sie fest, und sie lächelt mit einem erlösenden Uff. Sie kommen überein, in dieser Sache nichts weiter zu unternehmen.

Jetzt gibt sie sich einen Ruck: Sieh mal, dort, die flachsblonde Frau mit den kurzen Haaren, das ist die Chefin des Gestüts, sie hat selbst eingegriffen. Sie gefällt mir sehr, das war nicht einfach. Und neben ihr – siehst du den Mann in der dunkelgrünen Jacke? –, der spielt bei der Schlichtung eine besondere Rolle, ich kenne ihn gut. Zu ihm will ich noch was beisteuern. Verrückt, völlig verrückt, murmelt sie, dass er jetzt gerade hier ist. André schaut fragend.

Beim Hineingehen zu der Vorführung sah ich von weitem einen bekannten Kopf, ich begriff aber nicht gleich. Stell dir vor, es war mein ehemaliger Chef im Literaturarchiv, Ralf Twanner. Er hat mir oft Entwürfe zum Gegenlesen gegeben, das war immer anregend für mich. Er kam auf mich zu und sagte: Ich hab Sie gesehen, Franziska, setzen wir uns zusammen? Natürlich war mir das recht.

Anfangs schien er mir eher grüblerisch. Er flüsterte von seinem Alter, sein Leben sei ruhiger geworden, es würde einfach so vergehen. Er wolle jedoch weiter etwas vorhaben, etwas Sinnvolles, deshalb auch der Weg zum Gestüt. Sie wissen ja, Franziska, sagte er lässig, mit Pferden kenne ich mich aus.

Als die Demonstranten loslegten, wurde er lebhafter und soufflierte mir, was er davon hielt. Keine Sorge, André, ich verzichte auf Einzelheiten. Twanner erläuterte leise, er unterstütze diese Forderungen, man solle tatsächlich den Zusammenhang ausweiten. Die Jungen wollten, dass der Beitrag der Pferde zu unserer Kultur, ihr Leiden, ihre Erniedrigung gewürdigt werden; das wäre gut für unser kollektives Gedächtnis. Und warum plötzlich eine Kampagne? Weil sie im normalen Alltag kein Gehör fänden.

André rutscht jetzt unruhig hin und her. Klar soweit, aber wieso stand auf dem einen Transparent: ‚*Schont die Untauglichen*'? Das ist gar nicht so daneben, antwortet Franziska. Twanner meinte, man könne das direkt auf Pferde beziehen, früher seien sie häufig misshandelt und bis zum Sturz gepeitscht worden. Doch auch zu der Gedenkstätte Grafeneck solle es eine bewusste Verbindung geben, sie liege ganz in der Nähe. In ihr seien in der Nazizeit mehr als zehntausend Behinderte getötet worden. Die Jungen, erklärte er, wollten daran anknüpfen: Wer Mitleid mit den Tieren aufbringe, müsse auch zur Wachsamkeit für die Schwachen der Gesellschaft aufgefordert werden.

André ist unwohl dabei. Ich möchte mich nicht gegen dich stellen, Lea, aber meinst du wirklich, diese Themen seien derzeit aktuell bedeutsam? Das sieht wie ein Streit aus, den sich die Jungen extra ausgedacht haben, man will Aufmerksamkeit erregen – ohne, fährt er lauter fort, weil Franziska Einwände vorbringen möchte, ohne dass es eine echte Dringlichkeit gibt. – Ich merke, sagt sie und bleibt ruhig dabei, das wird jetzt zu viel. Mir hat das Gespräch mit Twanner gutgetan. Hätt ich's lieber noch verlängert, als dann zu den Stallungen zu schauen. – Ich bin erst mal froh, meint er trocken, dass das Handgemenge offenbar vorbei ist, stimmt's? – Sieht so aus. Lass uns jetzt lieber verschwinden.

André erzählt beim Abendessen von seinem Walderlebnis. Das fällt weniger spektakulär aus, doch Franziska merkt, er ist unzufrieden damit und hat sich geärgert. Als sie im nahen Gasthof zu Bett gehen, tauchen sie beide ab in eine eigene Nachthülle. Ihr gerupftes Selbst lässt sie den Rückzug suchen. Sie fühlen sich beide vom Misslingen besetzt, unwohl, zueinander finden sie diesmal nicht.

Der Morgen startet entsprechend muffig. Etwas treibt André um. Beim Frühstück kündigt er an, er wolle nicht länger hier oben bleiben, er habe dringend mit dem Projekt und mit seiner Redaktion einiges abzusprechen – und mich zieht es in eine Stadt! Dabei wirft er ihr einen hoffnungsvollen Blick zu. Franziska wirkt nicht überrascht. Im Grunde empfindet sie eine ähnliche Leere, als hätte man ihnen gestern die Freude und Neugier geraubt. Das braucht, sagt sie, tatsächlich einen Neustart. Du kennst doch auch Italo Calvino, er bietet uns ein Motto an: *„Den Menschen, der lange durch wilde Gegenden reitet, ergreift Sehnsucht nach der Stadt."*

André lacht auf: Der passende Spruch! Die Städte, ja, huscht es durch seinen Kopf, die galten damals als Ort der Sicherheit.

Mehr noch, sie konnten später auch ihre besondere zivile Qualität entwickeln, und genau diese Qualität kann heute in ihnen, durch eigene ‚wilde Gegenden' gefährdet sein. Er schiebt das jetzt weg, sie müssen ganz konkret ihre nächsten Schritte klären.

Und du, Lea, kommst du auch klar? Sie nickt, die Worte fehlen jetzt. Sie will ihren Normalzustand wiedererlangen, sie will selbstsicher auftreten, ohne deshalb angemacht zu werden, und sie will nicht, dass er merkt, wie ihr der Trauerkloß im Halse sitzt. Die Taschen sind rasch gepackt, sie brechen auf.

André, zwei Stunden später, sitzt im ICE Richtung Karlsruhe mit Anschluss nach Strasbourg. Er möchte innehalten.

Stecke ich fest? Anfangs, sinniert er, erlitt ich den Schwindelanfall, den konnte ich mit Hilfe anderer gut bewältigen. Nur ein diffuses Gefühl blieb zurück, als sei ich aus dem Tritt geraten. Jetzt aber habe ich es mit höchst unterschiedlichen Ereignissen zu tun, und ich merke, ich muss mich gleichzeitig mit ihnen befassen. Da erlebe ich Grenzen.

Ich sollte mir mein Privatleben verschlungen mit dem Berufsalltag vorknöpfen. Was war da heute auf mich eingestürmt? Ulrikes Botschaft, sie sei schwanger, Franziskas Klage, sie sei fast vergewaltigt worden, dazu noch ihr Ex-Chef, den sie anhimmelt – und als Rahmung ein flötender Forstmann und ein schräger Funktionärstyp, die mir etwas vorgaukeln wollten, blöd kam ich mir vor. Die Konzipistin konnte das nicht wettmachen.

Das erste Mal tauchen Zweifel in ihm auf, ob die Tätigkeit als Korrespondent das Richtige für ihn ist.

UMSCHWUNG, KLEIN UND GROSS

Er ruft unterwegs seine Redaktion an, holt sich neue Informationen – und erfährt so nebenbei, es habe zwischen dem Chefredakteur und einem Mitglied des Stiftungsvorstands *„Trees for Climate"* ein längeres Telefonat gegeben. Da springt er empört auf, weicht in ein leeres Kleinkind-Abteil aus und wird jetzt laut: Sollte ich nur die Rolle eines Protokollanten spielen? Für Stichworte der Stiftung? Ist es das?! Hat man mich einfach ins Leere laufen lassen? Der Leitende Redakteur versucht ihn zu beruhigen: Kommen Sie bald vorbei, mündlich klärt sich alles besser. André fragt noch, ob sie auch an dem Gestütskonflikt Interesse hätten, den er kurz schildert, da wird gezögert: Müsste schon zu einem Highlight werden, sonst zu viel Lokalität...

Dann ruft er Ulrike an und plaudert ein Weilchen. Und wer? fragt er zwischendurch. Dazu schweigt sie. Ich werde bald nach Berlin kommen, Rike, ich freu mich schon. Du wirst alles Nähere beizeiten erfahren, tönt sie.

Er schickt per Manschette eine Anfrage an Florian Faltin, schildert ihm seinen Verdacht, dass Clan-Beauftragte ihn in Straßburg aufgespürt hätten, und übermittelt auch die Schilderung von Franziska über den Protest im Gestüt. Das Ganze mit der etwas holprigen Frage, ob ihm dazu etwas Schlüssiges einfalle. Einfach einen Schritt zurücktreten, lautet F. F.'s lakonische Antwort.

Zur selben Zeit sitzt Franziska mit Judith, der israelischen Forscherin, bei Tee und Gebäck. Sie reden über dies und jenes, und Franziska spürt, wie wohl sie sich dabei fühlt, nein, das ist es nicht nur: dass sie eine echte Zuneigung zu ihr empfindet. Dahinter reizt sie aber noch etwas anderes, gerade nach dem Erlebnis im Gestütshof: die Sehnsucht nach Eigenständigkeit – sie will viel ausprobieren, viel erkunden, ja, sie will ihr Leben feiern, nicht in Routine einmünden lassen.

Und natürlich huscht zwischendurch André durch ihr Gemüt, mit leisem Bedauern. Ein eher melancholischer Mann – will sein abwechslungsreiches Leben meistern und tischt mir doch ständig schiefe Erlebnisse auf. Kann ich mit ihm wirklich eine gemeinsame Zukunft haben? Ich bringe ihm immer wieder mein Verlangen entgegen. Könnte er das überhaupt verstehen, wenn ich ihm erzählte, wie sehr ich mich von Judith angezogen fühle? Eher nein, vermutet sie.

Von Karlsruhe aus ist es für André noch eine knappe Stunde mit dem TGV nach Strasbourg. Als er seine Handy durchsieht, entdeckt er eine Mitteilung von Uta, seiner *‚weisen Frau'*: Ich könnte, wenn's brennt, zu dir fahren, André. Ansonsten bitte warten auf unsere Begegnung in Berlin. Anbei solange ein kleines Märchen – hab's gut! Das will er sofort anschauen.

DER GOLDENE SCHLÜSSEL.

Zur Winterzeit, als einmal ein tiefer Schnee lag, musste ein armer Junge hinausgehen und Holz auf einem Schlitten holen. Wie er es nun zusammengesucht und aufgeladen hatte, wollte er, weil er so erfroren war, noch nicht nach Hause gehen, sondern erst Feuer anmachen und sich ein bisschen wärmen. Da scharrte er den Schnee weg, und wie er so den Erdboden aufräumte, fand er einen kleinen goldenen Schlüssel. Nun glaubte er, wo der Schlüssel wäre, müsste auch das Schloss dazu sein, grub in der Erde und fand ein eisernes Kästchen. ‚Wenn der Schlüssel nur passt!' dachte er, ‚es sind gewiss kostbare Sachen in dem Kästchen.' Er suchte, aber es war kein Schlüsselloch da, endlich entdeckte er eins, aber so klein, dass man es kaum sehen konnte. Er probierte, und der Schlüssel passte glücklich. Da drehte er einmal herum, und nun müssen wir warten, bis er vollends aufgeschlossen und den Deckel aufgemacht hat: dann werden wir erfahren, was für wunderbare Sachen in dem Kästchen lagen.

André lacht, und wieder einmal fühlt er sich Uta nahe. Per SMS kündigt er sein Kommen nach Berlin an, dann, so der zweite Satz, schauen wir gemeinsam ins Kästchen…

Vom Bahnhof aus erreicht er sein Appartementhaus nahe der *Ill* in der *Rue de Jeux des Enfants* in nur 20 Minuten. Die zwölf Appartements dienen als moderne, besonders möblierte Unterkunft für Berufstätige, die nur zeitweise anwesend sind. Es ist eine *„résidence secondaire"*. Deshalb hat die Agentur einen ‚Gardien' angestellt, er soll alle nötigen Verrichtungen wie Reinigung, Heizung, Reparaturen oder Briefpost sicherstellen. Sein Lohn wird durch eine Umlage finanziert, André muss aber jährlich auch eine gesalzene *„tax d'habitation"* entrichten.

Als er das Haus betritt, wirft er sofort einen Blick auf seinen Briefkasten – und schreckt auf. *‚Merde'*! Der Kasten ist stark beschädigt, im Flur sind Wände zerkratzt und einige Fliesen herabgefallen. Das Ganze sieht aus, als habe jemand beim Ein- oder Auszug heftige Spuren hinterlassen. Er sucht nach dem Gardien, findet ihn nicht. Schließlich ruft er seine Redaktion an. – Ja weißt du nichts? wundern sie sich dort. Es gab eine wüste Schlägerei. Der Gardien ist verletzt, er liegt im Krankenhaus. – Eine böse Überraschung. Und er hat einen Verdacht: die Schmierereien neulich auf seinem Briefkasten, sein Artikel über die Berliner Clans. Jemand muss ihn hier aufgespürt haben. Klar, es kann auch völlig andere Ursachen geben…

Er duscht, zieht sich um und gibt noch einen Bericht an die Leitung des Manschetten-Projekts. Dann steuert er zu Fuß das Zeitungshaus an. Zum Glück trifft er dort auf Daniel, genannt Dan, seinen Kollegen, er ist seit Kurzem Korrespondent für vier Departements in Nordfrankreich, dreisprachig und ehrgeizig. Sie sind seit Jahren befreundet.

Zwei junge Burschen, erzählt er, habe der Gardien beschrieben, als man ihn blutend und halb ohnmächtig im Eingangsbereich des Hauses aufgefunden hatte. Er sei geschockt gewesen, nur bruchstückhaft habe er schildern können, wie die Täter ihn attackiert hatten; zur Frage, warum überhaupt, wusste er offenbar nichts zu sagen. Die *Police Municipale* ermittle. André berichtet ausführlich von der Vorgeschichte in Berlin und von der Botschaft an seinem Briefkasten.

Er erzählt auch vom Forstrat und dem Vertreter der Stiftung, darüber ist Dan aber nicht informiert. Freilich schüttelt er bedenklich sein dunkles Haupt: Das sieht sehr danach aus, als habe es vorab einen Kuhhandel gegeben. André runzelt fragend die Stirn, Dan schweigt bedeutungsvoll. Ich hab noch was zu tun, murmelt er, und André weiß, dass er heute nicht mehr weiterkommt damit, den Dingen auf den Grund zu gehen.

Über den Mittag sucht er sich ein Café, in dem es vor allem ruhig zugeht. Er möchte ungestört eine weitere historische Ich-Erzählung studieren, eine willkommene Pause. Thema ist diesmal die wichtige Umbruchzeit Ende des 18., Anfang des 19. Jahrhunderts und die Frage, wovon republikanische Erfolge abhingen. Hatte das französische Geschehen auch den Südwesten erfasst und umgepflügt?

NEUER AUFTRIEB, ENTTÄUSCHTE HOFFNUNG

Gewaltige Machtverschiebungen setzten Ende des 18. Jahrhunderts ein. Vor allem das krisenhafte, revolutionäre Frankreich bot den anderen viele Anschauungen, wo's in Zukunft lang gehen soll.

Den Höfen Badens und Württembergs samt ihren Hunderten von Guts-, Stadt- und Kircheneignern war klar, dass ein neues Stück aufgeführt wurde. Es hieß: Wem schließe ich mich an und was bekomme ich dafür? Die Umstürze wurden bei uns aufmerksam beobachtet, teils sehnsüchtig erhofft, teils mit Befürchtungen abgewehrt. Für mich stand bald fest: keine Revolution, dafür neue Länder!

Das ganze Geschehen blieb völlig unübersichtlich und wirkte auch irgendwie unheimlich, die Zeit schlug Kapriolen. Ich war zwar wenig vorbereitet, wie die meisten Zeitgenossen, besaß aber eine gründliche Zurüstung: Schauspielausbildung und erste Schriften. Würde ich Kontakt zu Persönlichkeiten finden, die zu den turbulenten Vorgängen auch Antworten oder neue Aussichten entwerfen könnten?

In Mannheim schöpfte ich Hoffnung vor allem aus einem Theaterbesuch. Wie es sich manchmal so fügt, ein Musikus schenkte mir nach mehreren Krügen Pfälzer Weins eine Eintrittskarte. „Wenn Ihr ein Volksdichter seid", flüsterte er verschwörerisch, „dann müsst Ihr morgen ins Nationaltheater, da kommt Ihr auf Eure Kosten." So erregt hatte mich schon lange nichts mehr; das Stück

hieß ‚Die Räuber' und stammte von einem recht jungen, unbekannten Dichter. In einem Theater seines despotischen Herzogs hätte er so was niemals aufführen dürfen, bei uns ging's freier zu. Man schrieb das Jahr 1782, Unruhen nahmen zu, es gärte.
Da fand mich unverhofft ein Kurier in Karlsruhe und brachte frohe Botschaft: Meine seit zwei Jahren geplante Reise zu Wieland konnte endlich stattfinden; das kam mir sehr gelegen, ich jubelte und erkundigte mich nach der nächsten Kutsche Richtung Oberschwaben.
Habt Ihr jemals eine Reise in der Kutsche über mehrere Tage auf Euch genommen? Ich wagte eine holprige Strecke quer durch den Schwarzwald und entlang der Donau. Wie die tapferen Pferde solche Wege und Lasten ertrugen und uns zügig vorwärtsbrachten, ist mir heute noch ein Rätsel. Der Kutscher war einer jener rohen, ungebildeten Menschen, die oft betrunken und für ihre Grausamkeit berüchtigt sind. Sie prügeln ihre Zugpferde und werden von den entgeisterten Insassen gefürchtet. Unser Kutscher war nicht besser, ging's bergauf, schlug er erbarmungslos auf die Pferde ein, so dass wir Reisenden mehrmals auszusteigen und nebenher zu gehen hatten, bis die Anhöhe erreicht war. Und dann die Gasthöfe unterwegs: muffelnde Lager, feuchte Räume, ein kleines Waschlavor mit trübem Wasser, das Essen manchmal deftig, manchmal miserabel – nur der Gerstensaft floss reichlich.
Mein Ziel hieß Schloss Warthausen, ein Kleinod in der Nähe der Stadt Biberach. Dort hielt sich, wie ich wusste, der Dichter Christoph Martin Wieland längere Zeit auf, meist in anregender Runde mit anderen Dichtern, Künstlern und Philosophen.
Als ich nach drei Tagen erschöpft in den Schlosshof einfuhr und den Dienstboten mein Gepäck überlassen konnte, wurde mir unverzüglich ein Turmzimmer und ein rasch angeheiztes Bad zugeteilt. Mein Gastgeber empfing mich danach erfreut und mit heiterer Gelassenheit, die mich sofort für ihn einnahm. Kaum hatte er begonnen, mir in der Bibliothek von seinen gegenwärtigen Studien und von den hier im Schloss hitzig geführten Gesprächen zu berichten, trat eine Hofdame hinzu und begrüßte mich mit derselben Wärme. Sie war, wie ich erfuhr, die Schwiegertochter des (abwesenden) Schlossherrn und – das bekam ich zwei Tage später zugeflüstert – für kurze Zeit Wielands Verlobte; das

stürzte mich nicht in Verlegenheit. Später kam mir zu Ohren, sie sei die Dichterin Sophie von La Roche.
Ich spürte bald, dass ich hier auf eine Versammlung eng verbundener Schicksale und geistigen Austauschs gestoßen war, die mich sehr belebte. Das galt vor allem auch für Wieland selbst, jetzt knapp 50jährig lehrte er eine neue Gedankenwelt, die man „Aufklärung" nannte und den unveräußerlichen Rechten des Menschen Respekt zollte. Er verstand viel von Politik, von politischen Umbrüchen. Das alles wollte ich studieren.
Mit einer Fülle wertvoller, zukunftsoffener Gedanken kehrte ich zurück. Ich genoss auch weiterhin den Kontakt zu Wieland, ich erfuhr, dass er später am Hofe in Weimar lebte, ja, dass er dort als geistiger Wegbereiter galt (noch bevor der später auftrumpfende Goethe die Szene betrat), den Prinzen unterrichtete und klug den Grundstock für des Herzogs Kunst- und Literaturbegeisterung legte. Mehrfach hörte ich davon, dass seine Bücher überall in Europa gelesen wurden.
Wenn ich abends zu Bett ging und nochmals nachhorchte, was der Tag mir gebracht hatte, da ahnte ich mehr, als dass ich es hätte formulieren können: Ich wurde Zeitzeuge tiefgreifender Veränderungen, eine Bewegung war im Gange, die vom höfischen Leben wegdrängte und anderen Strömungen Auftrieb verschaffte. Als seien seitherige Mächte geradezu am Stürzen und einzelne Volksgruppen am Aufbegehren. Ich spürte diese Wandlungen, ich war ein Teil davon, vermochte sie allerdings nicht zu begreifen – seltsam. Einer riet mir, einen Besuch in Straßburg zu machen. Dort stieß ich auf wohlhabende Bürger. Die französische Oberherrschaft nach dem Dreißigjährigen Krieg beließ den kleinen Herrschaften und den Städten so viele Spielräume, dass sie mit ihrer Wirtschaft und dem Weinbau, aber auch mit der Baukunst, große Fortschritte machten. In Straßburg und Colmar fand ich gut gelaunte Händler und Weinbauern, ich fühlte mich wohl dabei, dies alles zu bestaunen und zu genießen.
Doch zwischen den erfreulichen Stimmungen hörte ich immer wieder beunruhigende Neuigkeiten aus dem Nachbarland. Händler und andere Reisende berichteten von Umtrieben in französischen Städten, vor allem in der Nähe der Herrschaftssitze. Bei öffentlichen Kundgebungen wurde offenbar das Volk

dazu aufgerufen, sich gegen die Willkürherrschaft ihrer Fürsten zu erheben. Hinter vorgehaltener Hand wurde zudem erzählt, es seien mehrfach Bedienstete und Consulenten am Hofe unterwegs überfallen, ausgeraubt oder gar umgebracht worden. Das roch sehr nach Aufruhr, und mir wurde schlagartig klar, dass dadurch meine Reise eine dramatische Wende nahm.

Ich konnte mich im württembergischen Reichenweier (heute Riquewihr) zwar noch einige Tage des liebevollen Zuspruchs einer jungen Müllerstochter erfreuen, doch nebenher erfuhr ich von zahlreichen geheimen Kundschaftern, die für die Höfe in Frankreich spionierten. Als mich einer dieser unerkannten Beamten befragte und wissen wollte, in wessen Auftrag ich hier sei, antwortete ich so harmlos wie möglich und reiste am nächsten Morgen eilig ab. Ich tat gut daran, glaubt mir. In der Folgezeit türmten sich wahre Sturmfluten: die gärenden Umbrüche in Paris, das Chaos, die Gesetzlosigkeit allenthalben, die andauernde Unsicherheit, der Zusammenprall von Volksgruppen unterschiedlicher Couleur.

Ein paar Jahre später riefen auch bei uns Draufgänger zur nachholenden Revolution auf, zur Fürstenvertreibung – und erlebten dann bald, dass große Teile des Volks die Umbrüche wegsteckten, ohne sich aufmüpfig zu verhalten. Die anderen blieben besonnener, rühmten ihre südwestliche Heimat, litten spürbar unter den Händeln und Ungerechtigkeiten und lobten doch die Entstehung des Neuen.

So hin und her gerissen schien mir auch Herr von Wolzogen zu sein, dicker Geheimrat nannte man ihn, der über seine Aufenthalte in Paris erzählte. Er schwärmte von den Kaffeehäusern und Salons. Doch im selben Atemzug verriet er seinen Zuhörern, wie wenig sich das in Paris gemodelte System mit dem württembergischen System vereinbaren lasse. Ja Herrgott, fehlten uns nicht das Geld und die Köpfe, um mehr auszurichten?

Aus Verlegenheit (man muss ja von was leben) hatte ich eine Rolle in einem schäbigen Stück im Komödienhaus von Mainz angenommen. Und wurde am Ende von einer lebhaften Dame angesprochen. Sie lobte mein Können und meinte schelmisch, es habe der schwachen Aufführung einen unverhofften Glanz verschafft. In ihren Gebärden, in ihren blitzenden Augen entdeckte

ich Freude und Temperament, für solche Eigenschaften habe ich einen Blick. Neben ihr stand offenbar ihre Tochter, und so nach und nach erriet ich, dass Madame und Jungfer Forster vor mir standen. Als ich mich höflich bedankte, lud sie mich in ihr Haus ein: „Sie sind uns willkommen, gegen sechs Uhr täglich gibt's Tee und Dispute."
Und so geschah es. Als ich das freundlich gestimmte Forster-Haus betrat, hatten sich bereits fünf andere Gäste eingefunden. Ich wandte mich anfangs vor allem meinen beiden Gastgebern zu, sie begegneten mir, als sei ich der länger schon erwartete und jetzt endlich aufkreuzende Hausgast, so uneitel, so wohlwollend. Natürlich drehte sich das Gespräch um die revolutionären Ereignisse in Frankreich, und alle erwogen mehr oder weniger bedeutsam, wie sie sich auf das eigene Land auswirken würden.
Es ging hoch her, Georg Forster, der Weltumsegler und Naturforscher, bemühte sich um eine Mittlerrolle, fand aber politische Unruhen dennoch verständlich. „Sind wir um der Ruhe und Wärme willen da?" fragte er. „Wir müssen dem Menschen das Ziel weitersetzen als er kommen kann, sonst erreicht er nicht einmal den Punkt, wohin seine Kräfte ihn bringen können." Ich staunte, machte keinen Hehl aus meiner Auffassung und merkte, wie mich die Frau des Hauses aufmunternd anlächelte. Ich genoss die beiden Stunden in vollen Zügen.
Von Mannheim aus vermochte ich weiter Nachricht von den Mainzer Freunden zu hören. Als ich neulich, nämlich ein Jahr später, genauer erfuhr, dass die Franzosen ihre revolutionären Umtriebe auf dieses Kurfürstentum ausgedehnt hatten und anscheinend auf willige Anhänger stießen, da zog's mich wieder hin. Der erste Eindruck, als ich in Mainz Quartier nahm: Es hatte sich verwandelt, viel Durcheinander, viele Gerüchte, die Akteure suchten noch ihre Plätze.
Einer unserer alten Mimen nahm mich eines Abends zur Seite und erzählte mir mit leuchtenden Augen von der großartigen Ausrufung der Mainzer Republik (März 1793). Er habe sich damals in Worms unter die Kaufleute, Landleute, Professoren und Studenten gemischt, begeistert davon, auch hier eine Demokratie zu gründen. Doch ohne Frankreichs Besatzung, das habe er gespürt, sei so gut wie nichts ‚gelaufen', es entstand keine Festigkeit. Selbst

ein so aufrechter Mann wie Georg Forster habe sich an die eigene Brust geschlagen und bekannt, er habe mit seinen hehren Zielen den Anschluss zu den einfachen Leuten verloren, zum „menschlichen Gewühl und (der) kleinen, eigennützigen Betriebsamkeit". Und sein Urteil sei bitter ausgefallen: „Unser rohes, armes, ungebildetes Volk kann nur wüthen, aber nicht sich constituiren".
Das Ganze sei eben nicht lebensfähig gewesen, kein Wunder, dass das Experiment schon nach wenigen Monaten durch die kaiserliche Armee, nach langer Belagerung der Festung Mainz, beendet worden sei. „Aber, das will ich Dir einhämmern" – und er zog mich heftig am Ärmel –, „ein freier, offener Geist hat damals geherrscht, der muss auf unseren Bühnen atmen. Hilf mit, ihn immer aufs Neue zu beleben und zu bewahren." Ich drückte ihm die Hand.

André unterbricht die Lektüre, trinkt nochmals einen starken Kaffee, dazu ein Glas Tonic, und hängt eine Weile den Schilderungen nach über jene turbulenten Jahre. Er weiß, sie haben für diese Region vieles entschieden, das nachwirkt bis heute.

Später hieß das Stück „Krieg statt Frieden", der neue Südwesten musste sich zu militärischem Beistand in Napoleons Machtsystem verpflichten, durch entsprechende Allianzen. Da traten die Bürgerlichen an zum vertrauten Feilschen, Motto: Wir wollen Reformen, keine Revolution! Als ich davon erfuhr, durchzuckte es mich, als empfinge ich einen Schlag. Hatte mir nicht einer mal ausführlich von dem früheren Tübinger Vertrag erzählt? Gab's da nicht schon dieselbe Haltung? Mir träumte, ich säße mittendrin. Doch jetzt verliefen die Streitigkeiten in einer schrillen Tonart, die Grundstimmung war aufgebracht.
Alles vergebens, der Tross war längst abgezogen, die Landstände wurden abgeschafft. Ich habe in meinem Beruf genug Trauerspiele bestritten, dies war eins. Doch die geistvollen Köpfe gefielen sich, ein wenig überheblich, in einer Flucht in die Welt der Ideen, ja, in Traumwelten.
Waren die Umwälzungen nicht dennoch zu loben? Als wir zwischendurch ein Gastschauspiel aus Italien bei uns hatten, erzählte uns ein Mime lebhaft von den Versuchen der

Bürgerlichen in Neapel, eine Republik zu gründen. Doch, wie er spöttisch zu verstehen gab, die Neapolitaner schienen in der Mehrzahl kein Verständnis von Freiheit zu besitzen, es sei ein Treiben gewesen, das ständig zwischen Komödie und Tragödie geschwankt habe, und am Ende habe sich die Letztere durchgesetzt. Er wiegte schwer seinen Kopf und murmelte, man könne dem einfachen Volk keine komplizierte politische Wahl aufladen. „Italiener sind fürs Jähe, für die Empörung, dass sich hier bei Euch das Gemäßigte durchsetzt, sollt Ihr nicht bedauern, im anderen Fall stehen die Aufmüpfigen schließlich mit leeren Händen da!". Und er hob seinen Becher und stieß grimmig mit uns an.
Bei uns in Baden, das sage ich nicht ohne Stolz, gedieh das Revolutionäre besser. Hier wirkte kein (bremsender) Mittler wie die württembergischen Landstände. Während unseren Aufführungen und bei hitzigen Wortgefechten wurde mir jedoch klar, dass es für eine süddeutsche Republik keine Basis im Volk gab, und ich dachte wieder an Mainz und an Neapel. Die badische Verfassung von 1818 schuf immerhin wichtige liberale Elemente, gewiss, stärkte die Städte und nahm so die geistigen Strömungen der Zeit auf, doch im Kern, zu diesem Urteil kam ich schließlich, blieb das Land ein Obrigkeitsstaat.
Trotzdem hatte ich auch noch Träume in meinen alten Tagen: Schon warfen das Hambacher Fest, warfen die Fahnen der Hecker'schen Freischärler und die liberalen Verfassungen ihre wärmenden Strahlen voraus. Alles wirkte dadurch heller, froher, hoffnungsvoller.

André bleibt noch länger im Café sitzen, um die Schilderungen nachwirken zu lassen. Wie kann er diese Turbulenzen einordnen? Es kommt ihm vor, als habe zwar das Aufbegehren gegen autoritäre Herrschaften immer wieder stattgefunden, doch habe offenbar, länger als in anderen Ländern, eine zielstrebige republikanische Vorstellung gefehlt. Sie hätte auch ausdauernd betrieben werden müssen. Die revolutionären Ereignisse allerdings, mit ihrer nackten Gewalt, ihren Auswüchsen, sie haben alles kräftig umgepflügt, das bisherige Gewohnte jäh beendet. Und plötzlich vollzieht André einen Zeitsprung: Er ist sich sicher, kriegerische Konflikte stecken uns heute noch in den Gliedern. Im Blick darauf erscheint ihm das rein Chronologische unzureichend, stattdessen sieht er die Aufgabe, die entscheidenden Kräfte herauszuarbeiten, ebenso die Ereignisse mit ihren Hauptakteuren, ebenso das Leid und das Sterben der einfachen Menschen. Wie heute?

In seinen vier Wänden telefoniert er mit Franziska, und er spürt eine seltsame Verlorenheit. Er begehrt sie, er vertraut ihr. Und doch steckt das Gemeinsame zwischen ihnen voller Rätsel: Führen sie ihr Leben in einem stillen Einverständnis – oder nicht? Er kennt sich, er kann sich nicht völlig preisgeben. Und bei ihr scheint es ähnlich zu sein.

Da er sein Unbehagen loswerden will, spaziert er danach noch durch die alten Straßen bis zur Winstub *‚Au Pont Corbeau'*, einem Juwel der alten elsässischen Ess- und Weinkultur. Er grinst in sich hinein, denn da entzünden sich immer verrückte Geschichten am Tisch, in einer wärmenden Stimmung. Und der Gast ist nicht verloren.

TEL AVIV, WAGEMUTIG

Am nächsten Morgen besucht er zuerst den verletzten Gardien im Krankenhaus. Es scheint ihm besser zu gehen, doch zum Hergang der Rauferei kann er nichts Genaues beitragen.

Jetzt ins Zeitungshaus. Er eilt die Treppe hoch, klopft kurz, stürzt mit einem lauten „Dringend!" an der empörten Sekretärin vorbei schnurstracks ins Zimmer seines Chefs. Der ist im Gespräch mit einer der Redakteurinnen, bricht aber sofort ab, als er sieht, in welcher Verfassung André hereinplatzt. Was ist los? Die Kollegin entschwindet rasch, und André wirft dem Chefredakteur vor die Füße, er sei bei seinem Termin im Wald von einem alerten Stiftungsmenschen vorgeführt worden.

Ich bin Korrespondent, kein Skandalreporter. Das heißt nach meinem Verständnis: genaue Informationen, transparente Zusammenhänge, kritische Kommentare. Hab ich alles nicht in diesem Fall – wie kann das sein? Er wird lauter: Was geht hier vor?! Was diese Stiftung betreibt, stimmt doch vorne und hinten nicht, ein glatter Schwindel ist das!

Der Chef bleibt ruhig, ja, es gelingt ihm nach ein paar Minuten, André zum Hinsitzen zu bewegen. Bedauerlich, meint er, und es klingt glaubhaft. Das hätte so nicht laufen dürfen…

Ach, unterbricht André, das höre ich jetzt hinterher?! Er stößt die Luft aus: Wirklich, ich mache alles, was die Zeitung braucht, aber ich möchte nicht AUSGESETZT sein, verstehen Sie das? Der Chef nickt. – Ich möchte nicht den Eindruck haben, es sei Ihnen in Strasbourg egal, was da draußen mit mir passiert. Der Chef nickt wieder.

Hören Sie, André, es gibt in dieser Sache ein übergeordnetes Interesse, es geht leider nicht anders. Die Finanzabteilung ist inzwischen wichtiger als die Chefredaktion, so sieht's aus. Er hebt seine Schultern, schaut leicht verzweifelt. Das Blöde ist, man hat es Ihnen nicht rechtzeitig gesagt. André blickt ihn nur an, reglos, springt dann auf und schreit: Ich nehm eine Auszeit! Er eilt Richtung Tür. Da erhält er noch etwas nachgerufen: Meinetwegen, EINE Woche, maximal.

Er rennt fast, mit wütenden Schritten. Im Appartement packt er ein paar Klamotten zusammen und geht zum nächsten Büro der *Police Municipal.* Als er von seinem Verdacht spricht, der Angriff auf den Gardien habe etwas mit seinem Briefkasten zu tun, schaut der wachhabende Polizist ihn verblüfft an. Er lässt sich die Vorgeschichte genauer erzählen, schüttelt dann mehrfach den Kopf und sagt schließlich mit elsässischem Sound: Da liegen Sie falsch. Die zwei Burschen sind inzwischen identifiziert, es sind Algerier. *Ce ne sont pas des citoyens français, jusqu'à la fin de ces jours!* Warum sagen Sie das? blafft André, immer noch aufgebracht. Die Algerier haben vielleicht die französische Staatsangehörigkeit. Der Polizist zuckt mit den Achseln: Das ändert nichts. Und weiter: *C'est spécial,* dem Gardien, dem wollten sie wohl Geld zustecken, sie waren scharf auf ein Appartement. Das hat er aber abgelehnt, wie es aussieht, ziemlich schroff. *Mais non,* mit irgendeinem Clan hat das nichts zu tun, *certainement non.*

Dann zur Bahn und Richtung Flughafen Frankfurt. Er studiert die Last-Minute-Angebote. Nach einigem Zögern entscheidet er sich für das Ziel, das ihm für seine augenblickliche Stimmung passend erscheint.

Er landet am frühen Abend. An dem runden Platz, offenbar in neuer Gestalt, bekommt er im Cinema Hotel ein Zimmer. Das behagt ihm – ein Kleinod, denn die Gäste nächtigen und bewegen sich in einem ehemaligen Kino, alle Räume enthalten Erinnerungsstücke aus der Pionierzeit des Films: Projektoren, Stative, Kinosessel, Filmplakate, dazu die wunderschöne Bauhausarchitektur. Sie hat sich ohnedies verschwenderisch hier niedergelassen, stellt sich in blendendem Weiß und funktional zur Schau.

Tel Aviv, diese pulsierende Großstadt! André erlebt sie als modern und erfrischend. Er ist die ersten Tage pausenlos unterwegs, durchströmt die lebhaften Straßen in allen Richtungen, will erschnuppern, erobern, genießt Cafés und Märkte, meist im Freien präsentiert, testet Rogalach und Blintzes, durchmisst verschiedene

Zentren, Siedlungen, Geschäftsviertel, ‚fußläufig' wie die Architekten gern sagen. Die betriebsamen Geräusche und Düfte, die Sprachfetzen, das Lachen oder Feilschen mit den Händlern, das leise Baumrauschen – wenn sich Erschöpfung ankündigt, spürt er seinen Körper nicht mehr, das ist das Beste. Und wenn's ihm zu viel wird, steigt er irgendwo ein und bewegt sich ‚busfahrig' – doch das möglichst wenig, er weiß von Anschlägen auf Busse, ohne mulmiges Gefühl kann er nie einsteigen.

Am schönsten wird ihm aber der Fußweg zum Meer. Der Strand! Noch strahlt alles eine sommerliche Stimmung aus, es wird gebadet, junge Strandläufer sind unterwegs, andere dösen auf den Liegen und Steinen, neben sich Drinks und Eis, ab und zu ein Auflachen oder wummernde Musik. Abends sitzen ältere Strandler auf Stühlen, um den Sonnenuntergang zu genießen, die gedehnte Zeit. Die hohen Hotel- und Appartementhäuser nördlich davon interessieren ihn nicht. Sein Blick schweift dafür häufig Richtung Süden.

Er weiß sehr wohl, dass er genau genommen zu einem dieser schrecklichen Lager in Griechenland oder Italien hätte reisen sollen, in denen seit langem schon Flüchtlinge aus Syrien und anderswo eingepfercht werden, unter katastrophalen Bedingungen. Doch das schaffte er nicht. Er braucht diese Auszeit. Also versucht er, per Manschette sich aus dem Projekt für eine Woche abzumelden, doch die Antwort kommt prompt: Nein, bleiben Sie in Kontakt mit uns, egal wo, F. F.

Nach drei Tagen gelingt ihm ein Telefonat mit Franziska. Als er zögernd verrät, wo er sich aufhält, gibt's eine längere Pause – doch dann gurrt sie ihm zu: Da beneid ich dich. Wie lange? Er atmet erleichtert aus, spürt bis hierher ihre unternehmungsfreudige Leichtigkeit, ihre Nonchalance. Sie plaudern zehn Minuten. Zum Schluss, betont beiläufig, meint er: Hör mal, deine Israelin lebt doch hier, wenn ich's recht weiß, vielleicht hat sie einen Kommentar für mich. Ja, mein Globetrotter, kann ich dich irgendwie erreichen? Er gibt ihr die Hotelnummer und ist's so zufrieden.

Judith empfiehlt, wie Franziska später durchsagt, den üppigen, in seinen Düften betörenden Shuk-Markt. Da zieht es ihn sofort hin, er kauft Datteln und Gewürze, wundert sich über Schweinefüße und üppige Fischstände, begutachtet Stapel von Töpfen oder Schalen und versucht den billigen bunten Frauenkleidern und

Unterröcken auszuweichen, die an Stangen herunterhängen. Im trägen Strom lässt er sich einfach treiben.

Judith schlägt auch die Erkundung von Jaffa (Jafo) vor, dem arabischen Stadtteil, sowie ganz konkret ein Restaurant im Fischereihafen. Einige öffentliche Plätze solle er besser meiden und sich klarmachen: Immer kann es zu einem Anschlag kommen, die Stadt ist darauf eingestellt, der Reisende merkt nichts, solle jedoch hellwach sein auf seinen Wegen…

Als er in Jaffa auf dem uralten Hügel die Felsen und die Reste der Ausgrabungen studiert, lässt er seinen Blick weit hinaus auf's Meer gleiten Richtung Westen. Er sieht plötzlich Bilder vor sich, als seien damals die Krieger der Kreuzzüge mit Getöse diesen Strand hochgerannt, um endlich, endlich das Gelobte Land zurückzuerobern. Und sieht im Blick zurück, wie die fremden Krieger mit allerlei Gerät und Waffen abgewehrt werden, wie sie zurückweichen müssen, viele Verluste zu beklagen haben – oder dringen sie doch weiter vor? André reibt sich die Stirn, bewegt er sich hier auf einer markanten Schnittstelle zwischen Morgen- und Abendland? Gehören kriegerische Auseinandersetzungen zu den wiederkehrenden traumatischen Erfahrungen?

Wie seltsam jetzt sein langsames Erkunden, als gehe er auf leisen Sohlen: Handwerksgassen, alt und verfallen, touristische Läden, Galerien, Moscheen und Kirchen, der verrufene Stadtteil Ajami, neuere Häuser mit offenbar kaufkräftigen Siedlern.

Er setzt sich in ein Café, es spendet Schatten. Der Mann bei der Anrichte mustert ihn, nickt dann, als André ein Bier bestellt. Kurz darauf bringt er das gekühlte Getränk, dazu für sich ein Glas kalten Kaffee, und setzt sich mit an den Tisch. *Your country?* fragt er, und als er Germany and France hört, nickt er mehrere Male, als wolle er dieser Aussage Gewicht verleihen. *And your question?* fragt er weiter und zieht die Augenbrauen hoch. André lächelt und blickt in sein gefurchtes Gesicht, er könnte etwa im ähnlichen Alter stehen. Es entwickelt sich ein längeres Gespräch, und André wird es später auf Deutsch in seine Manschette sprechen.

Ein Ort mit dichter Geschichte, er neigt sich näher zu seinem arabischen Barista: Waren damals schon die Kreuzfahrer hier gelandet? Er kann nicht hoffen, dass sein Gegenüber das weiß. Tatsächlich beginnt jedoch Ibrahim, wie er sich nennt, zu erzählen, in gutem Englisch: Jaffa ist mehrfach während der Kreuzzüge eingenommen worden, ist besetzt und zerstört worden, am Schluss gab's einen Friedensschluss zwischen dem Kaiser und dem Sultan al-Kamil. Dann mit kummervoller Miene: Eine blutige, intensive Geschichte, kein Respekt vor den Menschen und dem ‚Gelobten Land' (zitiert mit hochgezogenen Augenbrauen). Und immer über's Meer? fragt André. Ja, oft, aber die Angreifer sind auch von Norden über's Land vorgerückt, denn, du musst wissen, die Anzahl der Kreuzfahrer, die es bis hierher geschafft haben, ging jeweils in die Tausende.

Und weiter? Ibrahim erzählt und erzählt, er verfügt über ein profundes Wissen – oder ist manches davon ausgeschmückt? *Summa summarum:* ein endloser Taumel zwischen Auslöschung und Wiederaufbau, das osmanische Reich, Napoleon, Seuchen. Nach dem Ersten Weltkrieg die Briten, jahrzehntelange Besatzung Und heute? Ibrahim zuckt die Schultern und schweigt.

Nach einer Weile redet er weiter, als habe es keine Pause gegeben. Man lernt hier, die Welt um uns herum in einem anderen Licht zu sehen, dann ist sie etwas Besonderes, nicht banal. André gibt sich damit nicht zufrieden. Sag mir, Ibrahim, was ist hier los? So viel Militär, so viele junge Menschen, die rumziehen und ihr Leben suchen, so viel Tradition, so viel besetztes Land. Und immer wieder Hass, immer wieder blutige Zusammenstöße mit den Palästinensern. Warum kommt's nicht endlich zu einer Versöhnung? Ibrahim schaut ihn starr an: Deine Fragen sind gut, ich weiß keine Antwort. André bleibt noch ein Weilchen sitzen, weitere Gäste treffen ein, Ibrahim lächelt ihm jedes Mal zu, wenn er vorbeikommt.

Er macht sich nachdenklich auf den Rückweg. Es finden heute immer noch Kämpfe statt, es droht ein Vernichtungswille, alle wissen, dass die israelische Regierung militant auftritt und keine Kompromisse eingeht. Überhaupt die Kernfrage: Wem gehört dieses Land, und mit welcher Religion? Der dreißigjährige Krieg als Lehrstück?

Genug studiert – zum Abendessen soll die Szene wechseln. Er sucht dieses Fischlokal am Hafen auf, wie's Judith empfohlen hat. Es ist brechend voll, und es schmeckt ihm, und er unterhält sich gut mit einem israelischen Pärchen samt einem Reisenden aus Spanien, den sie mitgebracht haben. Sie klären ihn darüber auf, dass auf der Speisekarte diejenigen Fische fehlen, die bei den orthodoxen Juden nicht erlaubt *(teife)* sind. Er nimmt ein Essen mit Rotbarsch, üppig. Im Gespräch stellt sich heraus, dass die frühen Vorfahren des Spaniers von sephardischen Juden abstammten.

Ohne ersichtlichen Grund führt die Unterhaltung plötzlich zu den deutschen Luftangriffen auf Haifa und Tel Aviv während des Zweiten Weltkriegs. Sarah, die Israelin, erzählt, es gebe davon keine Spuren mehr zu entdecken, die britische Besatzung werde allerdings bis heute als fatal bewertet. André hört nur zu. Gab es denn durch die deutschen Zerstörungen nicht wesentlich mehr Opfer zu beklagen, bei Juden und Arabern?

Am nächsten Tag sieht er von der Terrasse seines Hotels aus, dass sich auf dem runden Platz davor eine Gruppe von etwa fünfzehn Menschen versammelt hat. Einige gestikulieren heftig, reden auf die Umstehenden ein. Manche sind offenbar zornig, einige halten sich abseits. Er würde gern wissen, worum es geht, tritt aus dem Hotel und schlendert unauffällig zur Gruppe hin. Jetzt sieht er genauer: ein paar Orthodoxe, die anderen in städtischem Look, auch einige Frauen, alle in mittlerem Alter.

Er versteht kein Wort, spricht einen jungen Mann an, in Englisch – und der erwidert ihm freundlich: Sie suchen nach einem Ausweg, flüstert er, sie möchten ihre öffentlichen Märkte, ihre Straßenauslagen, ihre Cafés behalten, verlangen aber, dass die Stadtverwaltung mehr Sicherheit gewährleistet, es ist in letzter Zeit zu viel passiert. Sie werden eine Abordnung zur Administration schicken, und sie wollen in dem Viertel hier die Bewohnergruppen informieren. André spürt ein leichtes Herzklopfen; etwas berührt ihn an dieser Aktion.

Nach zwei weiteren Tagen kleidet er sich neu ein. Er entdeckt ein Geschäft mit farbigen, legeren Jacken und Hosen. Eine Stunde überlässt er sich der anstrengenden Prozedur, dann betritt er mit hellbeiger Hose, weißem Hemd und einem Pullover in terracotta wieder die Straße. In der Einkaufstasche liegen noch ein Sakko aus Seiden-Tweed in hellem blau, eine Leinenweste navyfarben sowie eine Barbour-Jacke schilffarben. Geschafft – übermütig eilt er ins Hotel, dann sofort zum Strand.

Bei diesem Einkaufsgewimmel ist ihm deutlich geworden, dass hier die Orthodoxen wenig auffallen. Sie konzentrieren sich mit ihrer speziellen Kultur offenbar auf bestimmte Bezirke, vor allem in *Bnei Brak*. Den Männern mit schwarzen Hüten und Schläfenlocken begegnet er tief skeptisch; dass sie ihre Frömmigkeit stets in politische Macht ummünzen, widerstrebt ihm.

Er bleibt elf Tage, sie sind ihm wesentlich geworden. In ihm scheint etwas gereift zu sein, was er vorher nur in Bruchstücken, zum Teil sogar mit Argwohn, an sich selbst wahrgenommen hat. Es ist eine ZÄSUR. Seine Freizügigkeit, seine Entdeckerfreude beim Herumstreifen, sein Gespür für das Durchwirken historischer Ereignisse bis in die Gegenwart, seine Risikobereitschaft bei Gefahr oder Bedrohung, seine Spontaneität – dies alles empfindet er nun, während er in Tel Aviv täglich den Strand genießt, als grundlegendes Bedürfnis. Dem möchte er nachgeben:

Ich bin überzeugt: Je mehr dieses neue Bedürfnis mir praktisch nutzt, desto eher kann ich vieles Vorherige relativieren, das Bedrückende und Unschlüssige loswerden, daran rütteln, rütteln… Nicht immer nur spuren, mich einreihen, mich berappeln, nein, nein. Ich muss selber lachen, wenn ich mir klarmache, was ich da vorhabe: offener sein bei fester Orientierung, beherrscht sein im Kontrollverlust, nach vorne schauen und die frühere Kenntnis achten. Vor allem aber: immer besser herausfinden, wohin ich gehöre. Die Manschette wird reichlich gefüttert!

Dazwischen vertröstet er seine Tochter. Hör mal, Rike, ich bin noch ein paar Tage in Tel Aviv; das muss sein. Sobald ich zurück bin, komm ich zu dir, Berlin steht ganz oben auf meiner Liste. – Ah, mein lieber Paps. Ich weiß das schon, wo du steckst. Hoffentlich bleib ich ganz oben. Gib mir bitte eine rechtzeitige Vorwarnung. Es gibt manches Neue, sag ich nur. Sie klingt aufgeräumt, fast ein wenig distanziert.

IN DER SCHWEBE, MIT SCHRECKEN

Als sein Flugzeug in Frankfurt gut gelandet ist, entscheidet er kurzerhand, einen Abstecher in die Mannheimer Wohnung zu machen. Jahrelang hatte er die Räume gemieden, die Erinnerungen an Isabel waren zu schmerzlich. Es fehlte ihm ein inneres Loslassen, bis heute. Er schaut sich um, als habe er die Räume zum ersten Mal vor sich. Sie gehören ihm, und er braucht sie, Straßburg allein ist nicht das Zuhause.

Seine Manschette lässt verlauten, wie wichtig es wäre, bald einige Tage in Berlin zu verbringen. Er kündigt F. F. sein Kommen an, und er hört von der Zeitung, er solle sich tummeln (offenbar keine negativen Folgen seiner Abwesenheit). Dann das Telefonat mit Franziska. Er hört ihre Ungeduld heraus und all ihr Bemühen, locker zu bleiben. Es freut ihn, als sie – das erste Mal – andeutet, sie könne auch für zwei Tage nach Mannheim kommen. Er schildert ihr, etwas stockend, sein Aufräumprogramm, und sie weiß sofort, dass er dazu allein sein will.

Er räumt Schränke leer, entfernt Bücher, Gläser, persönliche Überbleibsel, Wandbilder, Bettwäsche, Küchengeschirr. Behalten von Isabel wird er ein Bild von Tomi Ungerer, einige japanische Lackschalen, schwarz und dunkelrot, sowie mehrere Bücher, die ihr wichtig waren. Das zweite Bett braucht er ebenso wenig wie ihren Sessel, ihre Kommode. Das Meiste kann er im Flur des Kellers abstellen. Dann ruft er einen Räumservice an.

Er raucht ein Zigarillo, trinkt einen Sherry. Die Wohnung bietet sich ihm nun weiter und offener an. Neues dafür mag sich ergeben, die Atmosphäre würde sich ändern. Er wünscht sich zwei Stehlampen, ein paar alte Kerzenständer, einige Stücke aus dem Elsass, einen neuen Teppich. Und soll er vielleicht…, nein, das wird nicht so einfach gehen. Er grinst, sein spleeniger Spezialwunsch huscht ihm durch den Sinn, von einer Japanreise mitgebracht: Sich ein Klosett aus Eichenholz und mit Wachs versiegelt anfertigen lassen! Es muss warten.

Er speist abends in einem griechischen Restaurant. Am Nebentisch hat sich eine lebhafte Runde versammelt, eine dunkelhaarige Frau mit vier jungen Menschen, zwei weiblich, zwei männlich (so scheint es). Er schnappt, ohne die Ohren zu spitzen, nach und nach auf, dass sie sich über Filmmusik unterhalten. Sie wissen darüber offenbar viel, studieren sie das, bereiten sie ein Projekt vor? Die Frau steuert immer wieder Stichworte bei. Und als André seinen Nachtisch gegessen hat, findet die Runde zu einem Entschluss, die vier Studierenden verabschieden sich. Nun sitzen zwei Menschen je für sich an einem Tisch, unwillkürlich treffen sich ihre Blicke.

André erhebt sich. Entschuldigen Sie bitte, ich bin Journalist, ich habe ungewollt etwas von Ihrem Gespräch mitgehört. Es ging um Musik? Die Frau blickt ihn neugierig an, freundlich. Setzen Sie sich doch kurz zu mir, erwidert sie, ich bin Medienwissenschaftlerin, Sandra Lohse. Er stellt sich auch vor und fragt: Filmmusik? Mich beschäftigt das schon lange, ich erlebe immer wieder, dass Bilder durch begleitende Musik intensiver wirken, wie macht man das? Sie lächelt und nickt.

Eine eigene Mediengeschichte inzwischen. Sie kennen vielleicht die Klavierbegleitungen aus der Stummfilmzeit? Oh ja. Der entscheidende Durchbruch ist dadurch entstanden, dass ab den siebziger Jahren die Filmmusik als etwas Eigenes definiert wurde. Verstehen Sie, nicht nur als Begleitung. Dadurch hat sie sich Freiräume geschaffen, es gibt inzwischen Filmmelodien, die als unsterblich gelten, ‚Reality‘ zum Beispiel oder eine ‚Habanera‘. Sie fängt an zu summen. Von Vladimir Cosma, der hat sogar einmal die Sägemelodie von Zikaden eingearbeitet. André lauscht weiter fasziniert, und beide sitzen noch länger zusammen.

In Berlin ist Patrick seit zwei Wochen verschwunden. Ulrike, bei der André wieder unterkommt, tischte ihm die Neuigkeit gleich nach seinem Eintreffen auf. Doch sie weiß nichts Näheres. Von einem der Nachbarn des Antiquariats hörte sie davon, woher der das erfahren hat, bleibt im Dunkel.

André weiß nicht, wo Patrick wohnt. Er inspiziert das Antiquariat, entdeckt den Zettel „Vorübergehend geschlossen“, rüttelt vergeblich an der Tür, schielt in den seitlich hängenden Briefkasten und sieht wenige Papiere darin. Seine Bitte um Auskunft bei der zuständigen Polizeidienststelle stößt auf Misstrauen; es gelingt ihm nicht, dem Diensthabenden sein ‚berechtigtes Interesse' plausibel zu machen.

Ulrike sieht prächtig aus, findet er, schon erkennbar gewölbt und recht munter. Wie schon oft, finden sie beim Frühstück zu den wichtigen Themen. Du solltest dich darauf einstellen, meint sie und nimmt noch von ihrem Müsli, dass ich dir hier bald kein Bett mehr anbieten kann. Daran hab ich auch schon gedacht, nickt er, mein Refugium wird ein Kinderzimmer. Und – soll der künftige Vater auch einziehen? Sie lacht: So schnell wird es nicht gehen, erst abwarten. Übrigens: Navid arbeitet in unserem Institut, Schwerpunkt ‚Smart City', ich kenn ihn schon länger, eine spannende Familie, die Mutter deutsch, der Vater Kurde, und er ist hier in Berlin geboren.

André macht große Augen. Ob dieser Navid sich mit all den Verfolgungen, aber auch mit dem Stolz der Kurden in der Türkei befasst, das würde ihn interessieren, ebenso, ob sich kurdische Eigenarten in Berlin leben lassen. Sag mal, fragt er, sieht er sich zweifach zugehörig oder rundherum als Deutscher? Er fühlt sich hier zuhause, meint Rike, es ist selten, dass er ein kurdisches Thema anspricht, *no problem* für mich.

André spürt eine Unruhe aufsteigen, genug gefrühstückt. Er überlegt kurz, den Nachbarn von Patrick anzusprechen und macht sich auf den Weg dorthin.

Kurz nach 17 Uhr steht er vor dem Haus mit der Nummer 46 in der Nähe des Bahnhofs Gesundbrunnen. Auf dem Fußweg vom S-Bahnhof spürte er den bereits kräftigen kalten Nordostwind, er zog seine Jacke enger zusammen. Berlin hat sich schon darauf eingelassen, ins Herbstwetter zu wechseln.

Die Adresse stammt von dem Nachbarn. Er findet tatsächlich Patricks Namen auf dem Klingelschild und läutet. Hallo? Eine warme Frauenstimme. Er nennt seinen Namen und will noch mehr sagen, da summt schon der Türöffner. Die Frau steht unter der Tür, und als André sie erkennt, zieht schon ein schelmisches Lächeln über ihr Gesicht. Uta – bist du das wirklich? Sie macht mit dem Arm eine einladende Bewegung und tritt zur Seite.

Im Inneren empfängt den Besucher eine warme, behagliche Stimmung, leise Klaviermusik im Hintergrund. Seitlich entdeckt er einen Beistelltisch mit einem aufgebauten Schachspiel. André verspürt eine seltsame Verlegenheit. Hier auf Uta zu treffen, was kann das bedeuten, und wie diese Räume, die offenbar zu Patrick gehören, mit Utas Anwesenheit in Einklang bringen?

Sie schiebt ihm einen Sessel hin, blickt ihn aufmerksam an, sagt dann leichthin: Es war mir klar, dass du vorbeikommen wirst, lieber André. Komm, lass uns Tee trinken, wir haben einiges auszutauschen, ein wenig Gebäck? André nickt nur, weiterhin verblüfft. Er entspannt sich, merkt jetzt erst, wie sehr er sich vor bösen Nachrichten gefürchtet hat.

Also, beginnt sie, zuerst zu Patrick: Er hat kürzlich eine schlechte Diagnose von seinem Arzt erhalten, zum Glück nichts Akutes. Das hat ihn getroffen. Sie haben einige Therapieschritte verabredet, dann hat er eine Reise angetreten, die schon lange geplant war: nach Verona! – Verona, wiederholt André, was will er da? – Es hat etwas mit seiner Leidenschaft zu tun, alte Stiche, alte Bücher. – Welche Krankheit? – Das kannst du nur über ihn selbst erfahren. – Wie lange bleibt er, ist er erreichbar? Uta zuckt die Schultern. Er ruft manchmal bei mir an, mehr weiß ich nicht.

Nach der dritten Tasse Tee erzählt sie, vor Jahren bei einem Kiezfest hätten sie sich kennengelernt, seitdem seien sie befreundet. Sagen wir so: Er vertraut mir, das ist schon viel. Dazu lächelt sie offen. Sie verabreden, dass Patrick beim nächsten Anruf gebeten werden soll, ihm eine Adresse oder Telefonnummer mitzuteilen.

Wer von uns beiden besitzt den goldenen Schlüssel? fragt er. Sie legt einen Finger vor den Mund. Plötzlich erhebt sie sich und sagt ernst: Pedulke. André versteht nicht. Sie nochmals: Pedulke, so heiße ich. Sie setzt sich: Ist mir peinlich, haben meine Eltern mir hinterlassen. Ich meide den Namen, wann immer ich kann. Unsere Familie hieß früher sowieso anders, doch das ist eine weitere Geschichte. Versteh doch: Ich möchte dir endlich erklären, wieso ich dich damals so kumpelhaft angemacht habe, das hat dich irritiert. Es liegt tatsächlich an meinem Namen, bitte nicht heftig lachen. Ich heiße Uta, und sonst nichts, per Du zu reden, ist die Rettung. André ist gerührt.

Er beginnt von sich zu erzählen: Mein Name ist ja auch ein wenig seltsam. Die Vorfahren meines Vaters stammen aus der Pfalz, ein Nebenzweig der Familie lebte in Westfalen. Meine Mutter allerdings, da hebt sich seine Stimme mit leichtem Stolz, die hatte elsässische Wurzeln; sie ist vor drei Jahren gestorben.

Wie war sie? fragt Uta. – Sie war lebensfroh, bodenständig. Ich habe sie oft und gerne besucht, meine berufliche Entwicklung fand sie ‚weit weg', sie hatte einen guten Blick dafür. War sie religiös? Ich meine ja, ein verwurzelter Glaube, eher selbstgefertigt, weniger die Kirche. Ihr Sterben hat sie erduldet, ohne Verzweiflung, so fiel mir meine Trauer leichter.

Dann erzählt er von seinen Erlebnissen. Zimtauge hört genau zu, das tut ihm gut. Überhaupt spürt er, dass sie in eine wohltuende Gemeinsamkeit hineinfinden, mit Vertrauen, mit Neugier. Als sie die zweite Kanne Tee bringt, tippt sie das Märchen an: Natürlich hast du den goldenen Schlüssel, sonst keiner. Tja, die Kernfrage ist meiner Meinung nach, was du machst, wenn du feststellst, dass die Kassette leer ist. Will sagen, du erwartest einen Schatz, eine Bereicherung – doch nichts liegt ausgebreitet vor dir. André nickt: Aber wozu dann der Schlüssel? Wer weiß, das weitere Geschehen gibt dir später vielleicht Auskunft.

Sie nestelt an ihrer Handtasche und holt einen kleinen Stick heraus, mit ihm betupft sie sich die Schläfen. Was ist mit dem Schwindel? André zieht die Brauen hoch: Kein Problem zurzeit, nur zweimal morgens beim Aufstehen; in der Öffentlichkeit gibt's manchmal Irritationen, ich fixiere etwas, bin mir sicher, dann rutscht es weg. – Passiert mir auch, gut so.

Was du von Tel Aviv berichtet hast, macht sie weiter, wirkt auf mich tatsächlich ‚schatzartig' (sie markiert Gänsefüßchen), ich finde, du hast tolle Schritte getan, eine Neuorientierung.

Im Grunde war's in letzter Zeit so, erzählt er, dass ich heftige Veränderungen spüre, an mir, bei anderen, an der vertrauten Welt um mich herum. Ein Autor hat dies *„Mentalitätsbeben"* genannt, eine tiefe Erschütterung der eigenen Wurzeln; das trifft's recht gut. Was daran positiv sein könnte, spürbar positiv, weiß ich noch nicht.

Mir fallen dann immer wieder manche Erzählungen ein, die so bunt sind und doch oft vom Scheitern handeln. Sie treiben mich um, sie lassen mich immer wieder Kontakte suchen. Aber finde ich so meinen eigenen Entwurf? Kann ich so einen neuen Platz finden, der zu mir passt? Du siehst: Das Meiste, was ich mitbringe, sind Fragen. Kommt von meinem Tel-Aviv-Besuch.

Sie wiegt den Kopf und sieht ihn an, mit einem Schimmern in den Augen. Denk an deinen Beruf! Du gehörst zur Öffentlichkeit, und du solltest als Person erkennbar bleiben, wie du bist. Ich höre heraus, dass du eine Synthese suchst. Aber wir können oft keine klaren Antworten erwarten, vieles wird ambivalent bleiben. Das ist es: Wir lernen doch alle, mit Ungewissheit und Zerrissenheit umzugehen. Sie hält inne, dann leise: Oder stecken hinter deinem Zögern mehr intime Gründe? Entschuldige, wenn ich so direkt frage.

Uta, du kannst alles nachfragen. Er schüttelt heftig den Kopf und starrt ins Leere. Dann lächelnd: Wenn es so viel Ambivalenz gibt, lass mich doch bitte mal verstehen, wie ambivalent du zu Patrick stehst?

Nun gut, lacht sie leise. Nach dem Kennenlernen rutschten wir in Intimitäten hinein, wir waren wohl beide hungrig. Seitdem habe ich auch den Schlüssel zu dieser Wohnung. Doch so richtig haben wir uns nicht gefunden, es blieb tatsächlich ambivalent. Die Folge: gute Freunde, aber ohne Sex. Das ist mindestens fünf Jahre her, die Freundschaft tut uns gut, sie entspricht dem, was wir wünschen. Sie trinkt vom Tee. Patrick ist ein Einzelgänger, fühlt sich aber nicht einsam, er will so leben. Gut so, Hauptsache, er ist damit im Reinen! – Und du?

Sie steht auf. Warte, hier muss es noch eine Flasche Prosecco geben. Sie rumort im kleinen Schrank, holt zwei Gläser, Eiswürfel und schenkt ein. Als sie sich von hinten vorbeugt, um ihm einzuschenken, stützt sie sich leicht ab an seiner Schulter, und er verspürt ihre Locke an seiner Wange; ein warmes Gefühl, er schluckt.

Jetzt sieht sie ihn froh an. Wenn ich schon bei meinen Weisheiten bin: Du weißt, alles was du gegenwärtig tust, wird sich auf morgen auswirken, davon können wir nicht loskommen. Und so ist es auch um uns herum, alle diese Menschen sind getrieben durch die Folgen von dem, was sie mal angestoßen haben. – Schon wieder bist du einen Schritt voraus. Bleibt aber noch die individuelle Freiheit, meine ich, oder sagen wir bescheidener: die Vorstellung davon. – Ja, unbedingt.

Hast du Kinder? fragt er. Sie blickt ihn lange an. Einen Sohn habe ich, er ist fünfzehn, lebt seit Jahren bei seinem Vater. Meine

Kontakte sind rar, aber diese Lösung habe ich von Anfang an mitgemacht, ich bin kein Familienmensch. – Und was war mit deiner früheren Familie, mit eurem Namen? – Die Familie meines Vaters war jüdisch, sie wurde verfolgt und musste sich in die Schweiz retten. In den 60er Jahren zogen meine Eltern in die Nähe von Magdeburg, das lag wohl an der Herkunft der Familie meiner Mutter. So genau weiß ich das gar nicht, mein Wissen ist sehr lückenhaft. Und dort erhielten sie auch, aus Anlass ihrer Heirat, unseren heutigen Familiennamen. – Und weiter? – Na ja, eben das sozialistische Leben, du weißt schon. Unser Haus, in dem die Pedulkes dreißig Jahre gelebt hatten, musste nach 1990 wegen Rückübereignung aufgegeben werden; das war ein Schock, aber vorbei.

Wir sind Kriegsenkel, André. Unsere Großeltern und Eltern waren in schreckliche Ereignisse verstrickt, teils mit eigener Schuld. Das Leben war ihnen aus den Fugen geraten. Manchmal kommt's mir so vor, als steckten Reste davon auch in uns. Umso wichtiger, dass wir unseren eigenen Weg finden, und das ist dann ein befreiter Weg.

Ja, bestätigt André, ich kenne das. Wir stoßen manchmal zu schnell an Grenzen, wir spüren eine seltsame Enge bei unseren Tätigkeiten. Die Stummheit in der Familie – ja, sie erlebten oft noch Kriegszeiten und eine belastete Nachkriegszeit, das könnte der Grund sein. Er schweigt einen Moment. Die Unterhaltung läuft jetzt in seltsamen Bahnen, er weiß, normalerweise würde er solche Themen nicht anschneiden.

Doch er bleibt dran, selbst verwundert: Heute kommt's mir so vor, als hätte ich immer mal wieder vergeblich meinen eigenen Weg gesucht, verstehst du? Es klingt komisch, wenn ich sage, ich konnte mich zu selten für riskante Entscheidungen öffnen, oder für ein Mädchen, das ganz anders mit Gefühlen umging. Aber so war es. Ein Versäumnis. Und dann haderte ich damit. Ich beklagte mich, anstatt mich aufzuraffen. Erst als ich Isabel kennenlernte, meine frühere Frau, fand ich zum Glück aus dieser Misere heraus – (er lacht trocken) mein erstes Mentalitätsbeben.

Plötzlich zieht ein Schatten in sein Gesicht, er zögert. Er will Isabels Tod nicht ansprechen, und Uta scheint irgendwie zu spüren, dass er einen wunden Punkt berührt hat. Er trinkt einen Schluck, dann erzählt er froh von Ulrikes Schwangerschaft und von Navid. Ihr gefällt es, wie die Jungen klarkommen.

Später holt sie einen Schreibblock und einige Stifte. Sie stecken ihre Köpfe zusammen und stellen nach Andrés Angaben Schritt für Schritt eine Skizze her, auf der alle bisher im Manschetten-Projekt aufgetauchten Personen bezeichnet sind, und zwar nach ihrer Funktion und in ihrer Vernetzung. Auf diese Weise erhält auch sein anonymer Helfer, der den Kliniktransport ausgelöst hatte, klare Konturen. Ein Gewebe, ein Gespinst tut sich auf, fast eine Art Schwarm, dessen Beweglichkeit sich leider nicht abbilden lässt.

Schon längst ist draußen die Nacht aufgezogen. Uta steht auf, streckt sich und fragt ihn lachend, ob er denn überhaupt nicht hungrig sei. Sie sei in der Lage, ein gemeinsames Abendbrot anzubieten. Dann zieht sie ihn einfach mit in die Küche, und zu zweit stellen sie behänd und immer wieder kichernd ihren Imbiss zusammen.

Bleibst du? fragt sie ihn danach. Und er nickt nur, und sie zieht ihn wieder, diesmal in die andere Richtung. Und als er sie voll Ungestüm umarmt, erwidert sie mit verschwenderischer Geduld und Nachsicht, und beide tauchen tief ein, sie dann auf ihm drängend, heftig atmend, er mit einigen Tränen, er wischt sie nicht weg, schließlich einander liebkosend, ruhend, ausklingen lassend. André spürt, jetzt kann er alles, was war oder was kommen wird, vergessen, die Zweifel, die Schuldgefühle, alles ist gelöst, gebannt – und er weiß: Am nächsten Morgen wird er mit einem ungläubigen Gewahrwerden aufwachen, und er wird sich genauso fühlen, wie es jetzt war. Die andere Frau, Franziska, huscht kurz durch sein Gemüt, doch ohne ein Bedauern.

Als sie beide spätmorgens wohlig aus dem Bett kriechen und sich ein Frühstück bereiten, lächelt sie und die Zimtaugen glänzen. Umberto Eco ist übrigens diesmal nicht dabei. Da flüstert sie ihm ins Ohr: Du bleibst mein Findling, kannst so tief versinken, das ist gut. Es gefällt ihm. Und er stellt sich plötzlich vor, von jetzt an das weitere Zusammen mit zwei Frauen parallel zu gestalten, parallel Resonanzen zu spüren, einfach so.

* * *

Etwas treibt ihn zu dem kleinen Park. Er hätte nicht sagen können warum, vielleicht bloße Neugier, vielleicht auch ein banges Gefühl, denn das Geschehen vor ein paar Wochen wirkt immer noch nach. Als er sich dem Platz nähert, einer Art Lichtung, ringsum Halbschatten, traut er seinen Ohren nicht: Er meint die Posaune zu hören. Und entdeckt tatsächlich beim Hinzutreten diesen Menschen, der damals völlig unbeteiligt blieb. Vor einem jungen Baum hat er sich aufgestellt, neben ihm steht ein kleiner Klappstuhl mit Zubehör und einer Mütze.

André bleibt stehen, leicht verdeckt von einer Staude, und schaut und hört. Wie der Musikant sein Instrument handhabt, den Schalltrichter über der linken Schulter, mit flüssigen Bewegungen des Rohrs, zeigt ihm, dass er es mit einem Könner zu tun hat. Jetzt wird das Tempo höher, die Positionen der Züge wechseln rasant, die Töne klingen heftiger, dröhnender, der Oberkörper bewegt sich mit – bis er kurz innehält.

Das nutzt der Besucher, geht langsam zu ihm hin, grüßt mit kleiner Handbewegung zur Schläfe und sagt: Ich mag Posaunen. Der Bläser stockt, senkt das Instrument. Darf ich Sie kurz ansprechen? Keine Reaktion, also weiter gefragt: Vor ein paar Wochen kam es hier zu einem Zwischenfall, ein kleines, verletztes Mädchen ist gestürzt, ich kam zufällig dazu. Sie waren auch da, Sie haben einfach weiter Posaune gespielt. Warum? Ich meine: warum haben Sie nicht geholfen? Der Posaunist lässt ihn ohne Regung reden, unter seinen Augenbrauen trifft ihn ein träger Blick, etwas Drohendes, dann brüllt er abrupt: Halt bloß die Klappe, verschwinde, ich kenne dich! – Ach, Sie kennen mich? Woher denn? – Verschwinde, hab ich gesagt, sonst gibt's echten Ärger. – Was wird hier gespielt? hakt André nach, warum so aggressiv?

Da nimmt der Posaunist sein Mundstück heraus und bläst darauf ein paar schräge Töne, seltsam laute, gequetschte Töne. Und da treten auch schon zwei junge Burschen hinter den Sträuchern hervor. Jäh durchzuckt André die Erinnerung. Er erschrickt, will begreifen, was vor sich geht, kommt aber gar nicht soweit. Die beiden, als hätten sie nur auf ihn gewartet, gehen hart auf ihn zu, und bevor er irgendwie reagieren kann, trifft ihn die volle Wucht, ein Trommelfeuer brutaler Stockhiebe. Sie schubsen sich ihn zu, er schlägt hin, einer tritt ihn ins Genick. Er schreit. Warum? Warum?!

Er rappelt sich auf, doch sofort hagelt es weitere Hiebe, auch mit Schlagring. Nun sinkt er hinüber. Was er, halb ohnmächtig, noch wahrnimmt, geschieht wie in Zeitlupe. Du bist jetzt dran, schreit eine Fratze, er hört die wütende Stimme des Posaunisten: Ich helfe niemals, kapiert? Niemals! Dann plötzlich fast einlullend: Der Chef mit dem läppischen Schwänzchen – na, was machst du jetzt? Dem Hilflosen ist's, als erscheine ein verschwommenes Bild, wie im Traum, als walle es auf ihn zu… Er wird erst im Krankenhaus wieder zu sich kommen, sehr langsam, heftig umsorgt.

Die Stimme einer Frau, aus weiter Ferne. Licht, grell, das will er nicht. Stille will er. Eine sanfte Berührung seiner linken Schulter. Wieder die Stimme, sie sagt von weither: Er hört uns, aber er sträubt sich. Pause. Dann leise: Herr Hornschuh, können Sie mir Ihren Vornamen sagen? Und Ihr Alter? Pause. Er spürt Schmerzen, etwas steckt in seiner Nase. Er will sich aufraffen und antworten, merkt verwundert, dass er gar nicht reden kann wie gewohnt, die Zunge stört. Nach einigem Gestammel wird's klarer, und die Ärztin lächelt zufrieden.

Sie sagt: Ein erster Schritt, er wird bald ansprechbar sein. Ist da noch jemand an seinem Bett? Wieder die Ärztin: Können Sie mir sagen, welcher Tag heute ist? André runzelt die Stirn – dann unwillig: Donnerstag mein ich. Samstag ist heute, erwidert die Ärztin, Sie lagen zwei Tage im Koma. Da schaut er sie leer an, sie lächelt. Er lässt den Blick kreisen, sieht das Fenster, zwei Bilder, das Ende seines Bettes – und die Umrisse einer weiteren Person an der Tür. Er ist nun da, aus Beuteln tröpfeln Infusionen in seine Blutbahn. Er ist müde.

Als André vom Halbschlaf aufschreckt, sitzt ein Polizeibeamter neben ihm. Nur ein paar erste Fragen, fünf Minuten, sagt er freundlich. Sie haben sich also mit Rieger gestritten… Wer ist Rieger? Eine langsame Frage. Der Beamte zieht die Brauen hoch: Sie kennen den Namen nicht? – Nie gehört. – Kurt Rieger hält sich täglich in dem kleinen Park auf, wo Sie gefunden worden sind. Er ist polizeibekannt. Er ist gefährlich und sucht Streit, gehört zu den ‚Reichsbürgern' (hält beide Zeigefinger hoch). André macht große Augen. Und die Posaune und seine Helfershelfer? fragt er leise. Davon wissen wir nichts Genaues, ja, einige haben berichtet, er mache im Park Musik, oft hält er sich dort allein auf. Von den beiden Schlägern wissen wir nichts. Wieso der Streit?

André berichtet stockend, mit längeren Pausen, von der Begebenheit mit dem verletzten Kind, seinem Schwindel, von der ersten Begegnung mit den beiden, von seinem Nachfragen bei Rieger, von den auf ihn einstürmenden, einschlagenden Burschen. Woher wussten sie, dass ich da auftauche? fragt er leise, oder reiner Zufall? Der Polizist macht sich ein paar Notizen. Es wäre gut, Sie könnten die beiden Täter genauer beschreiben – ein andermal, fügt er rasch hinzu, als er bemerkt, dass der Kranke erschöpft ist.

Der Stuhl an seinem Bett erfreut sich wechselvoller Benutzung. Die nächsten sind Frauen: Zuerst Ulrike, mit völlig verzweifeltem Gesicht, mit Tränen und erstickender Stimme. Diese vielen Binden, stöhnt sie, der Bluterguss, du hast drei Brüche, wurde mir gesagt. Was ist mit der Manschette? bringt André heraus. Bleib ruhig, sie ist weg, doch die Projektleute sind am Ball, die Chancen stehn nicht schlecht. Er starrt sie nur an, ihr Bauch scheint sich mehr zu wölben.

Dann Uta, sehr konzentriert, sehr besorgt, mit einigen Sprüchen zum Aufmuntern. Sie legt einen Zettel mit Notizen und Telefonnummern auf sein Tischchen, dazu einen kleinen Strauß mit Herbstkrokussen, die erklärt sie ihm. Die dritte Frau hat eher wie Uta reagiert, als sie anrief und er auf diese Weise erfuhr, dass Ulrike sie informiert hatte. Eine große Leere, Franziska ist weit weg.

Tags darauf wird André operiert, zwei Stunden lang müht sich das Ärzteteam, den Kiefer, das Schlüsselbein und den rechten Arm zu richten und vor allem Verletzungen an der Brustwand, verbunden mit einer Lungenprellung, wieder stabil zu heilen. Ein weiterer Tag auf der Intensivstation, dann wird er behutsam in sein Bett gebracht. Erschöpft taucht er weg, die Narkose wirkt nach.

Die Tage und vor allem die Nächte ziehen sich hin. André erhält Schmerzmittel und Verbandwechsel. Er fühlt sich einsam. Die fremden, unruhigen Geräusche der Türen, des Fußbodens, der Geräte findet er störend. Die Nachtschwester hingegen kommt ihm engelhaft vor, sie flüstert mit ihm. Mehrmals meint er von ihr zu hören: *spiro, spero … spiro, spero.* Und beim langsamen Erwachen kann er diesen beiden Wörtchen immer wieder nachspüren, ihr Klang beruhigt ihn. Mühsam greift er manchmal nach dem Telefon, doch wenn eine Verbindung zustande kommt, ist er es, der rasch wieder abbrechen muss – die Worte fehlen ihm.

Am dritten Tag wird ein zweiter Patient hereingeschoben, ein alter Mann, dessen eingefallenes Gesicht und mühsames Atmen ihn erschrecken. Sie verständigen sich, zögernd einander wahrnehmend, nur wenig zu sprechen, vor allem kein Fernsehen einzuschalten. Er heißt Hermann, der Alte, und André weiß tagelang nicht, ob dies der Vor- oder Nachname ist; eine Pflegerin sagt es ihm: Hermann Stielke, 79 Jahre, wohnt in Friedrichshain.

Am Wochenende sitzt Franziska neben seinem Bett, ohne Vorankündigung. Ihn freut das. Ich wollte, erzählt sie, von der Oberärztin etwas über deine Behandlung erfahren, doch sie gibt sich wortkarg. Sie weiß, dass wir nicht verheiratet sind, sagt André. Alles Nötige sei inzwischen geschehen, fährt Franziska fort, nun müsse regelmäßig kontrolliert werden, dass die Wunden gut ausheilen. Mehr gibt die Ärztin nicht preis. Lass gut sein, meint er, ich kann selber nachfragen. Er sagt nicht, dass seine Partnerin irgendwie nicht hierher passt. Das macht ihn ratlos, selbst kommt er sich verstockt vor.

Ulrike, Uta und Florian Faltin sitzen in dessen Büro beisammen und beratschlagen die nächsten Schritte. Alle drei sind besorgt. Ulrike hatte Uta überredet, sich gemeinsam mit F. F. zu treffen. Die Ältere ist es, die nach einer Weile lächelnd aufsteht, hin und her geht und schließlich meint: Die Hintergründe sind das Eine, da wissen wir noch wenig. Doch die Manschette zu finden ist das Andere, und das sieht nach konkretem Aufspüren aus – können Sie das veranlassen?

F. F. nickt: Wir haben einige Trümpfe, das sollte hinhauen. Wir sind relativ sicher, dass einer der drei beteiligten Männer die Manschette an sich genommen hat. Das Gerät ist robust und verschlüsselt; es kann, auch wenn es abgeschaltet oder leicht defekt ist, geortet werden. Wichtige Teile der gesammelten Daten sind über eine Cloud gesichert, ich habe Zugang zu diesem Cloudspeicher. Sie einigen sich auf vier plausible Netzbereiche, in denen sie nachforschen können. F. F. und Uta ziehen los, ein Praktikant des Projektteams stößt noch dazu.

Nach zehn Tagen lebt André wieder auf. Er freut sich auf's Essen. Lächelnd betrachtet er ein kleines Gebinde, zugeschickt von seinem Chefredakteur, samt einer humorvollen Karte, auf der acht seiner Mit-Journalisten und -Journalistinnen unterschrieben haben. Von Florian Faltin kommt ein prächtiger Strauß mit solidarischem Gruß. Und er telefoniert täglich mit Franziska, sie spricht ihm viel Heilkräfte und Mut zu.

Das erste Mal verspürt er so etwas wie Klarheit. Er hat überlebt, er hat in Berlin Feinde, seine Manschette ist verloren. Es ist Zeit, sobald er entlassen wird, aus dieser Stadt zu verschwinden – und zwar für lange. Allerdings, was mache ich, wenn Ulrike ihr Kind bekommt? Und außerdem, flüstert ihm sein Journalistenkopf zu, mit wem ich es zu tun habe, sollte ich wissen. Dieselbe Gefahr auch in Süddeutschland – das wäre nicht auszudenken.

Doch die Klarheit erweist sich als labil. Wenn er döst, machen sich traumähnliche Erinnerungen bemerkbar, die ihm längst vergangen und versunken schienen, und kaum wird er sich deren vage bewusst, rutschen sie wieder weg, scheinbar ins Nichts. Im Wachsein verbleiben ihm dann Restbilder wie Stichworte: ohne Grund solche von Straßburg, eher melancholisch von Isabel und ihrer Familie, irritierend von der Besorgnis des älteren Schauspielers vor langer Zeit. Und dabei schleicht sich auch eine andere Empfindung heran und gewinnt nach und nach die Oberhand: ihm ist bang zumute. Er verzieht den Mund: ‚Manschetten' erhalten eine ganz neue Bedeutung!

Auf dem Stuhl hat sich ein Fremder eingefunden, er weist sich als Beamter des Staatsschutzes aus. André verspürt wenig Lust auf ein Verhör: Ein Polizist war anfangs schon da, hab ihm alles gesagt. – Das weiß ich, Herr Hornschuh. Doch jetzt geht es um andere Themen. – Warum Staatsschutz? – Weil wir einen politischen Hintergrund vermuten. Hatten Sie mal in letzter Zeit Kontakt zu rechtsextremen Gruppen oder zu Clans hier in Berlin? – André denkt lange nach: Das kann ich nicht klar beantworten. Ich habe an mehreren Gesprächen von Stadtteilgruppen teilgenommen. Das Bezirksamt gab weitere Hinweise, daraus habe ich einen knappen Artikel für die Straßburger Zeitung verfasst. (atmet schwer) Übergriffe von rechts kamen in den Gesprächen schon mal vor, aber direkten Kontakt, sogar zu Clans: nein, ich denke nicht.

Der Beamte notiert sich Andrés Angaben, wartet dann einen Moment: Hatten Sie schon mal das Gefühl, einen Doppelgänger zu haben, hier in der Stadt? Könnte das manches erklären, was uns jetzt unverständlich vorkommt? Das, merkt André sofort, eröffnet nun allerdings ein weites Feld für Spekulationen. Seine Antwort, nach einer Pause: Sie meinen so etwas wie – hoppla, der sieht ja aus wie ich? Nein, ich verspürte bisher niemals diese Überraschung, einem solchen Anderen bin ich nicht begegnet.

Sie haben natürlich recht, meint der Beamte, trotzdem... Wir sollten ein paar Fotos von Ihnen erhalten. Und wenn Sie möglichst alle Ihre Begegnungen seit den Schwindelattacken genau bezeichnen könnten – er wartet ab, kein Einspruch – gut, wir tätigen dann, soweit machbar, konkrete Rückfragen. Bringt uns vielleicht ein Ergebnis. – Also, das mache ich. Er notiert dem Beamten Ulrikes Telefonnummer, für die Fotos.

Der Gedanke an einen Doppelgänger beschäftigt ihn noch länger, da ist der schützende Staatsdiener bereits weg. Und er registriert kühl, dass in ihm ein Zorn aufsteigt bei all diesen hilflosen Andeutungen.

Am Samstag dann erfasst André eine heftige Unruhe. Er steht auf, holt seine Kleider aus dem Schrank und zieht sich umständlich an. Prompt kommt eine Pflegerin herein, wirft ihm vorwurfsvolle Blicke zu und verschwindet sofort wieder. Eine Minute später ist die Stationsärztin da. André beharrt darauf, er wolle entlassen werden und nennt eine Begründung. Sie schüttelt den Kopf: Ihre Behandlung ist nicht vorbei; geht voll auf Ihre Verantwortung. Das nimmt er lächelnd in Kauf.

Eine halbe Stunde später sitzt er bei Ulrike. Sie findet seine Selbstentlassung falsch, will ihm jedoch helfen. – Versteh mich doch, ich muss möglichst bald nach Straßburg, ich muss hier weg! – Und deine Manschette? Ohne vorherigen Termin mit F. F. geht gar nichts. Er schaut sie unverwandt an, dann nickt er.

Sag mal, Rike, weißt du irgendetwas über Isabels Halbbruder? – Du meinst Omar? wundert sie sich. – Omar, ja natürlich, weißt du etwas? – Wie kommst du auf ihn, gerade jetzt? – Von Isabel huschten einige Szenen durch meine Erinnerungen, du kennst ja mein Trauma. Plötzlich war's mir, als tauchten andere Personen aus ihrer Verwandtschaft auf; doch beim Aufwachen war mir alles entglitten. Also? – Nichts weiß ich, weder wo er sich aufhält noch, noch… lebt er überhaupt noch? Er hat nie was von sich hören lassen. Und die beiden Jungen auch nicht. – Jungen, hat er zwei Söhne? – Sie lacht auf: Nein, nein, soweit ich weiß gibt's einen Sohn und eine

Tochter. Hör mal, Paps, das bringt gar nichts, wir haben keinerlei Information.

Es drängt ihn zu Uta. Sie nimmt ihn liebevoll auf, und er erzählt. Sie bleiben beisammen, auch als er müde wird. Diesmal berühren und bewegen sie sich mit viel Behutsamkeit – ein Geschenk. Er glaubt wieder an seine Genesung, und sie redet ihm zu: Du hast alle Zeit der Welt, nichts entgeht dir, alles kann neu gestartet werden. Er lächelt und wiegt den Kopf. Du hast nur recht, meint er dann ernst, wenn ich das aufklären kann, was mir in diesen Attacken widerfahren ist. (lauter) Ich muss das wissen! – Du solltest nicht darauf bestehen, das wäre weise.

KEINE RUHE GEBEN

Er trifft sich mit Florian Faltin in einem der Speiselokale unter den S-Bahn-Bögen. Sie begrüßen sich neugierig, André mit einem Bündel an Fragen, F. F. mit einem neutral-freundlichen Erwartungsblick. In ihrer Nische bleiben sie ungestört – abgesehen von den in kurzen Abständen über ihnen durchratternden Zügen, daran kann man sich gewöhnen.

Ich tauche wieder ins Leben ein, beginnt André, zwei Fragen drängen sich immer vor: Wissen Sie etwas über Kurt Rieger? Und was ist mit meiner Manschette?

F. F. lächelt. Die Manschette wird seit gestern akribisch untersucht, wir haben sie. Er kann seine Genugtuung nicht verbergen, und André atmet erleichtert auf. Sie funktioniert noch, einige Teile sind allerdings verloren, zum Beispiel Fotos.

Rieger, na ja, der ist offenbar bekannt als Sonderling; nicht nur wegen seiner Posaune, sondern vor allem, weil er Mitglied bei den ‚Reichsbürgern' ist. Das bedeutet allerdings: gefährlich, dreist, unberechenbar. Er stellt sich gern quer und reklamiert Freiheiten. Kein Gedanke an Toleranz. Und gewalttätig war er auch schon öfters, die Polizei kennt ihn bestens. Ich denke mal, dass Sie auf ihn gestoßen sind, war reiner Zufall.

André blickt etwas zweifelnd, gibt sich aber erstmal zufrieden. Und hat er Helfershelfer? – Ist wohl so, häufig sind zwei, drei andere Typen in seiner Nähe, immer kampfbereit, so kommt's mir vor. Aber genau genommen, wissen wir nichts weiter.

Also, die Manschette. Wir haben in einer Kneipe einen jungen Mann gefunden, der das Gerät bei sich hatte, im kleinen Rucksack – wie leichtsinnig von ihm. Jetzt wird's interessant: Er hält sich offenbar nur vorübergehend in Berlin auf, angeblich als Gast bei einer marokkanischen Familie in Neukölln. Er selbst ist französischer Staatsangehöriger, besitzt aber – wie es aussieht – marokkanische oder algerische Wurzeln. André horcht auf.

F. F. bestellt ein dunkles Bier und neigt sich weiter zu ihm hin: Die Spur könnte uns weiterhelfen. – Ist die Polizei eingeschaltet? – Sie weiß Bescheid. Der Rucksackmann hat überhaupt nicht verstanden, was unsere beiden Leute von ihm wollten. Erst als sie ihm Fotos von der Manschette zeigten, murmelte er etwas von „gefunden im Park", es sollte harmlos klingen. – Könnte er einer der Angreifer sein? – Dazu wissen wir noch nichts. Er wollte abhauen. Na ja, unsere beiden Leute mussten handgreiflich werden, davon verstehen sie was. Im Rucksack fanden sie nicht nur die Manschette, sondern seinen Ausweis, einen Schlüsselbund und ein Klappmesser.

F. F. hält ein Foto hin, mit Bild. André starrt darauf, lange – und reagiert enttäuscht: Typisches altes Ausweisfoto, das hilft gar nichts! – Wir bleiben an ihm dran, versprochen.

Sie bestellen ein Mittagsgericht. Sie überlegen weiter.

Ich hatte, fährt Florian Faltin fort, erst kürzlich aus anderem Anlass ein Gespräch mit einer der wenigen Frauen, die sich mit der Kulturgeschichte des Maghreb beschäftigen. Sie kann faszinierend erzählen.

Es ist wohl so: Die Menschen aus diesen Regionen lassen sich nur verstehen, wenn man ihre tiefe kulturelle Verwurzelung begreift. Nach der Befreiung, 1962, wurde das demonstriert: offiziell Einsprachigkeit, nämlich das Arabische, gleichzeitig ein klares Bekenntnis zum Islam, im Alltag freilich weiterhin viel Französisch, und noch ein Dialekt aus dem Berberischen. Und dann? Viele der Jüngeren ziehen nach Frankreich, um dort ihr Auskommen zu finden. Doch sie leitet ein Hass auf die Franzosen, sie lehnen häufig ihr Gastland ab, fügen sich nicht ein, werden zu versprengten, wilden Gesellen. Etwas treibt sie an – das ist das Erbe ihrer Geschichte, ist aber auch ein irrwitziger Trotz: Als könnten sie ihr Tun eigenmächtig und wenn's sein muss mit Gewalt bestimmen. Mit dieser ‚Ausstattung' leben sie – und so kommen sie sporadisch auch hierher, und wir sind ahnungslos.

Soweit meine Quelle, ich denke mal, das will bedacht werden. Ich wage die Prognose, dass wir, ohne das zu wissen, einer gefährlichen Zusammenarbeit auf die Schliche kommen, nämlich zwischen Berliner Clans und einigen maghrebinischen Mitläufern. Die streben offenbar bei sich in Frankreich ähnliche subkulturelle Strukturen an. Was halten Sie davon?

André sieht seinen Straßburger Briefkasten vor sich. Er hat nachdenklich sein Besteck zur Seite gelegt. Erst vor ein paar Tagen war's, berichtet er, da hat sich bei mir nochmals der Staatsschutz gemeldet. Kurz gesagt lautete die Information, sie könnten definitiv bestätigen, dass der eine der beiden Täter, die mich attackiert hatten, eng zu einem der Berliner Clans gehört. Und dies, wurde hinzugefügt, obwohl er eigentlich in Mulhouse wohnhaft sei.

F. F. nickt grimmig. Das passt zusammen, und solche Vernetzungen gibt es immer häufiger. Liefert Algerien nur ein Spezialproblem? Es gibt heutzutage junge Leute, die wollen intensiv leben, möglichst viel mitnehmen. Neulich habe ich eine Stimme entdeckt, die argumentiert, eine neue urbane Elite beanspruche eine völlig individuelle, sprich egoistische Lebensintensität, man stehe ständig unter Strom etcetera – was natürlich umgekehrt heißen würde: ohne Glauben an kollektive Moral oder kollektives Gedächtnis oder irgendeine Art von Transzendenz – jetzt schweife ich ab.

André reagiert aufgebracht. Er erzählt von seinem Aufenthalt in Tel Aviv, von seinen frischen Impulsen, wie er sein Leben eigenwilliger gestalten könnte. Doch jetzt, schimpft er, ist mir dies alles weggebrochen. Vom Manschetten-Projekt, das wissen Sie, habe ich mir ebenfalls neue Impulse erhofft. Doch gelandet bin ich im Ungefähren.

Das Ganze kommt mir jetzt vor, als sei meine weitere Wegstrecke im Nebel verschwunden. Jetzt erlebe ich, dass ich (er neigt sich vor) in ausweglose Situationen gerate. Indem ich mich eigenwillig orientiere, indem ich erproben will, wie ich neu Fuß fassen kann, erleide ich Attacken. Und zwar werde ich offenbar attackiert – wie mir gesagt wird – von Leuten, die eine völlig andere kulturelle Herkunft besitzen, von ihr aber entwurzelt sind. Er trinkt von seinem Mineralwasser.

F. F. setzt an: Ein Zusammenhang zum Manschetten-Projekt… Nein, warten Sie, ich bin noch nicht fertig. Es gibt noch eine zweite Variante: Was, wenn ich in eine Fake-Geschichte geraten bin, in heimlich gesponnene Netze? Von einigen Leuten, mit denen ich nur deshalb zu tun habe, weil es einen einzigen Strang gibt, der mich damit verbindet? Ich liege offenbar für sie wie auf einem Präsentierteller, sie wissen viel von mir, ich aber weiß nichts. Bei meiner Zeitung war ich schon mehrmals mit Fakes befasst. Davon habe ich gelernt: Der wahre Absender hält sich im Hintergrund. Er sucht sich etwas aus, wo die vorhandene Gesellschaft verwundbar ist. Er überlegt, wie er das verschlimmern könnte, wobei diese Absicht kaschiert wird durch Verwirrspiele.

Da versucht Faltin ihn zu beruhigen, eindringlich: Dass es wirklich einen Zusammenhang zwischen Leuten aus dem Maghreb und Ihrer Manschetten-Aktivität geben könnte oder dass Sie in eine Fake-Geschichte geraten sind, ist bisher nicht erwiesen. Sie sagen selbst, Sie haben viele Impulse hinzugewonnen. Das wird Sie doch stärken, das wird doch nicht so rasch wieder verschwinden. Historische Veränderungen verlaufen nicht geradlinig, so ist es auch bei uns. André runzelt die Stirn.

Das ändert alles nichts, seine Zweifel bleiben. Er überlegt ernsthaft, abzubrechen. Das Problem, zu eigenen neuen Wegen aufgebrochen zu sein, aber dabei eher zum Spielball anderer Kräfte zu werden, taucht immer wieder auf. Er rechnet auch weiter mit Querschlägen, die ihm von Widersachern um die Ohren fliegen können.

Noch ein Versuch? Im Projekt wäre es hilfreicher, meint er, wenn die Testpersonen nicht nur individuell agieren würden, das widerstrebt mir inzwischen. Ich möchte regelmäßig Kontakte pflegen, mich austauschen. Als er noch nachfragt, ob es denn bei anderen Teilnehmenden ähnliche Schwierigkeiten gebe, wird sein *Project Leader* fast still: Wir mussten einen Suizid miterleben, und in einem Fall haben sich zwei Männer, die zusammen als Paar lebten, nach wüsten Konflikten getrennt – ja, es gibt Probleme und Desaster, manche schaffen es nicht ungebrochen durchs Leben!

André schüttelt den Kopf, er deutet an, dass ihm Faltins Haltung stoisch vorkomme: Und das meine ich eigentlich positiv. F. F. lächelt und nickt: Den Hauptsatz der Stoa habe ich mir zu eigen gemacht: ‚Bedenke, wer du bist'. Für mich bedeutet das, in bestimmten Situationen bei mir selbst rückzufragen. Warum handle ich so und nicht anders – sehr lehrreich. Vielleicht fußt unser Manschetten-Projekt auch auf diesem Stoa-Satz, was meinen Sie? Er lächelt erneut, verzichtet auf die Antwort. Kurz darauf verschwindet er, die Rechnung ist beglichen.

André verschafft sich später etwas Luft, indem er den Text auf seiner Manschette durchliest, der ihm vor drei Tagen zugesandt worden war:

ÜBER DEN KÖPFEN – STAATSGEBILDE UND DAS GESICHT DES BÜRGERTUMS

Blicken wir lieber einen Schritt voraus. –

Sofort unterbricht der Leser: Jawohl, das sollte ich auch tun! –

Nach vielen verwirrenden Jahren geriet der Südwesten, obwohl weiter auf's Eigene bedacht, immer mehr unter die Fuchtel der großen kriegerischen Auseinandersetzungen zwischen Frankreich, Preußen, Österreich und Russland. Und als man das Jahr 1813 schrieb und wir uns daran gewöhnt hatten, die schönen Theaterstücke französischer Dichter zu spielen, ich mittendrin, da schlug das Schicksal heftig zu.

Napoleons grenzenlose Überschätzung hatte im Vorjahr im Eis und Schnee Russlands geendet, bei Leipzig gelang dann endlich ein Sieg der alliierten Mächte gegen ihn, gefolgt von einer neuen Politik, um das französische Joch los zu werden: Es wurde für die aktive Teilnahme der Bürger geworben, Freikorps sollten sich bilden, man weckte so etwas wie ein deutsches Nationalgefühl – Baden und Württemberg freilich zeigten sich begriffsstutzig, sie waren kaum von nationalen Plänen zu überzeugen.

Wenn ich es recht bedenke, so war unsere Südwest-Bühne des Geschehens nun schon ein paar Mal nicht nur leergefegt, sondern sogar durch Kanonendonner schwer erschüttert worden. Inspizienten, Bühnenarbeiter und Schauspieler hatten alle Hände voll zu tun, jeweils wieder die nötigen Leute zusammen zu trommeln und neue Bühnenbilder zu bauen. Und welche Stücke waren angesagt? Und gab's überhaupt ein neugieriges Publikum?
In der Literatur war nur Argloses zu hören, vieles blieb im Nebel verhangen.

Ich sage euch voll Zorn und Trauer: Wenn ihr denkt, bei uns am Theater sei eine gute Aufbruchsstimmung eingekehrt, so täuscht ihr euch. Es war zwar nicht mehr so wie früher, dass das ungehobelte Publikum auf die Bühne sprang oder es gar zu Handgreiflichkeiten kam – das scheint vorbei zu sein, denn heute ist der Theaterbesucher ‚anständig'. Und was heißt das? Das heißt, er duckt sich weg, wie sich die Theaterleiter und die Schauspieler wegducken, den Fürstenhof feiern und nichts von dem aufbieten, was man vor der Revolution im Namen einer ‚Aufklärung' erreichen wollte: eine bürgerliche Kultur, ein Theater ohne adlige Vorgaben. So stand es um uns, niemand wusste, wofür wir eigentlich spielten.

Da besann ich mich und suchte den Disput mit einem Manne, dessen öffentliches Auftreten mir immer zwiespältig vorkam. Ich wusste, er würde im Auge behalten, wohin die freiheitliche Reise gehen sollte, und das nötigte mir Achtung ab. Er verkörperte aber auch eine seltsam hausbackene Tradition mit Fürstenrespekt, die mir unzeitgemäß vorkam und den deshalb der rabiate junge Dichter Heine, wie mir meine aufsässige Mitspielerin Agnes spöttisch zurief, als „edle Leiche mit größerem Verdienst" bezeichnet hat. Wir begegneten uns in Stuttgart, kurz bevor dort die endlich zustande gekommene Verfassung verkündet wurde (1819), und dazu sollte es ein Fest mit seinem Bühnenstück „Ernst, Herzog von Schwaben" geben. Wir aßen Maultaschen in einer kleinen Wirtsstube. Ich erzähle möglichst wortgetreu:

Ihr seid so freundlich, Abgeordneter Doktor Uhland, mir ein paar Gedanken zu den Zeitläuften und zu unserem Freiheitstraum darzulegen. Ich bin froh, dass ich bei der bevorstehenden Aufführung dabei sein darf.

Ich weiß schon, mein Lieber, Ihr übernehmt die Rolle eines Verräters gegenüber dem Herzog. Das lässt tief blicken. (lächelt)

Es ist mein Beruf, mehr besagt das nicht, die Rolle spiel ich gern. Es ist schwer genug, am Theater nicht verunglimpft zu

werden. Mir ist's immerhin gelungen, so etwas wie Anerkennung zu spüren, auch von unseren hinterhältigen Kritikern. Doch darf ich fragen, wie Ihr's mit der Verfassung jetzt halten wollt?

Im zweiten Anlauf hat's geklappt, sie ist gut ausgefallen, unsere Verfassung. Ich bin stolz darauf. Es wird Meinungs- und Pressefreiheit geben, das Volk kann seine Stimme erheben, und nicht nur die Höherrangigen.

Gleichwohl – mit der Ständekammer habt Ihr wohl hin und wieder Eure liebe Not. Die Reformvorschläge fruchten häufig nicht. Es ist doch so, reden wir nicht drum herum: Ein kläglicher Rest von Revolution bleibt uns, die Mehrheit tritt gar zu königsloyal auf.

Ich zähle mich zu einer ständigen Opposition, zur Minderheit. Sie braucht eine kräftige Stimme, die leihe ich ihr. So sind die Verhältnisse.

Stattdessen pflegt man Abschweifung zuhauf, man munkelt, neulich sei der Antrag eingebracht worden, vor jeder Sitzung ein Gebet zu sprechen.

(Uhland lächelt breit) Da trug ich vor, Gott werde es gewiss genehmer sein, wenn wir in unserem Kämmerlein statt in der Kammer beten; das führte zu Heiterkeit, und der Antrag fiel durch. Die Zeiten, sich politisch auf das Göttliche zu beziehen, scheinen mir vorbei.

Ihr wisst davon: In Mannheim, ein paar Monate ist's erst her, da hat ein Hitzkopf den Dichter August von Kotzebue ermordet. (neigt sich hinüber) Ich darf offen sprechen zu Euch.
Man hört bereits, es werde Maßregeln geben, die Universitäten und die Presse sollen unter Kuratel gestellt werden. Wird dann die Verfassung, obendrein auch die in Baden, gleich wieder ausgehöhlt?

Die Allmacht der Fürsten ist ein für alle Mal beschnitten, das glaubt mir. Unsere Kammern vermögen zumindest finanzielle Kontrollen auszuüben. (stockt) Freilich ist das noch nicht viel, das Freiheitliche wird uns schwer gemacht. Und solche Taten wie in Mannheim dienen natürlich als Vorwand für die Gestrigen. Eine Restauration, wie sie das nennen, solle erkämpft werden, das müssen wir verhindern.

Verzeiht mir, es hört sich ein wenig an wie das berühmte Pfeifen im Walde. Ich für meinen Teil bleib dabei: das Volk muss noch mehr erringen! Ihr schaut voller Zweifel, sei's drum. Aber sagt, wie wird's bei Euch selbst weitergehen, darf ich fragen?

Man hat mir für weitere Jahre ein Mandat im Landtag angetragen, das werde ich, wenn die Wahl gelingt, annehmen. Doch ich hab auch andere Pläne. Ihr wisst, dass ich mich auf Sprache und Dichtung verstehe, es könnte sein, dass ich in Tübingen einen festen Platz an der Universität erhalte, das wäre mir sehr willkommen. Das Unruhige, Fallende, auch das Fortschrittliche findet heutzutage häufig dichterischen Ausdruck, und das Schauspiel wird weiter aufblühen, glaubt mir. Und Ihr? Werdet Ihr weiterhin am Nationaltheater spielen?

Das kann ich derzeit noch nicht sagen. Man mag mir weiterhin Rollen im Nationaltheater anbieten, immerhin, doch eigentlich … ja, wenn ich's bedenke, so treibt's mich eher fort, und ich will dabei sein, wenn woanders mit größeren Schritten ausgeholt wird, in Mainz etwa oder im badischen Süden.

Ja, auch die Schauspielerei hat etwas Unstetes, da wünsch ich Glück. Mir liegt mehr das feste Dranbleiben, die Ausdauer. Dass das ermüdet, nehme ich auf mich. Ich sag Euch was: Die schroffe Revolution ist unsere Sache im Südwesten nicht, Veränderungen wird's nur geben Schritt für Schritt, das ist unsere Art hier. Bedenkt auch, wie bescheiden unsere Einflüsse sind, Preußen und Österreich sind die Spielmacher, wir haben uns mit Nebenrollen zu begnügen. Oder?

Am Rande stehen? Da mögt Ihr Recht haben. (lauter) Doch mit unserem Eigensinn, darauf kommt's an. – So soll's denn genug sein für heut. Trinken wir noch einen Krug von dem Wein hier, er tut gut. Und danke für Eure Worte, sie werden mir nachgehen.

Was ist das entscheidend Besondere im Südwesten in der ersten Hälfte dieses nach Freiheit drängenden Jahrhunderts? Wenn ich alle meine Eindrücke und Gespräche zusammenfasse, so bleibt mir nur der Schluss: Bei uns wird viel geredet, aber noch mehr hingenommen, und daher setzten die hiesigen Kräfte der ‚Restauration' wenig entgegen. Sind wir Duckmäuser, sind wir verliebt ins Herkömmliche (was bei Uhland noch mitschwang, obwohl er's besser hätte wissen können), sind wir unfähig zum Aufstand, weil man ja nie weiß, wie's ausgehen wird? Wer vermag in die schwäbisch-alemannischen Seelen zu blicken, was geht in ihnen vor?

Ich übernahm eine meiner letzten Rollen in einem neuen Bühnenstück, wo's dem Anschein nach um diese immer noch wirksame Bewunderung der Fürstenherrschaft ging: Das Käthchen von Heilbronn (Kleist 1810). Das spielte zwar im Mittelalter, aber alle wussten, was gemeint war. Der durchreisende Kaiser schwängert die Frau des Waffenschmieds, Käthe ist das Resultat, deren Herkunft nach vielen Verwicklungen enthüllt wird. Und dann? Sie wird Gattin eines edlen Grafen! Da wurde heftig geklatscht, ich kann's nicht glauben. Es ging ruhig und königstreu zu.

Mir wurde immer klarer: Das Freiheitliche und unsere Lebensumstände mussten dringend verbessert werden. Aus anderen Ländern hörte ich dazu weit mehr, dort nannten die bürgerlichen Leute ihre Lebensführung ‚liberal' und forderten Eigeninitiativen. Da bei uns aber oft nur wenig geschah und viel Armut herrschte, hat das im Südwesten immer wieder zu Auswanderungen geführt, die ‚Blütezeiten' ließen gar zu lange auf sich warten! Ich suchte junge Leute, denen ich meine Erfahrungen auf ihren Weg mitgeben konnte, und ich fand sie.

Aus einer Laune heraus wählt er die vertraute Handynummer. Florian Faltin ist zwar noch unterwegs, kann aber sprechen. Soeben habe ich den letzten Text über unsere regionale Geschichte gelesen, André redet etwas lauter. Vieles, sagten Sie neulich, könnten wir mit dem zeitlichen Abstand klarer sehen. Wir könnten dadurch besser gewappnet sein, für neue Herausforderungen. Kann ich dazu noch eine Frage loswerden? – Nur zu, kein Problem. – Ich hätte gerne gewusst, von wem diese Schilderungen der Ich-Person stammen? F. F. antwortet sofort, locker: Dafür haben wir zwei hervorragende Autoren engagieren können, eine Frau, einen Mann. Sie sind historisch beschlagen und (betont) pflegen den persönlichen Stil, die Resonanz ist rundum positiv. – Das reicht schon, diese Schilderungen gefallen mir, wirklich, ich fühle mich angesprochen. *Salut.*

Abends kommt's André vor, als seien die schwebenden, manchmal klagenden Saxophonlaute bei einem Garbarek-Konzert ein Widerhall dessen, was er heute mit Florian Faltin und sogar beim historischen Text auf der Manschette durchlebt hat. Ulrike ist dabei und wirkt gelöst, das freut ihn.

ELSASS EN MARCHE

Dass André zielstrebig genau den Polizeibeamten wieder antrifft, der ihm vor einigen Wochen jene schmale Auskunft über die Schlägerei in seinem Apartmenthaus geboten hatte, macht ihn richtig froh. Gestern erst angekommen in Straßburg, und heute bereits einen Schritt weiter. Er erzählt von seinem Überfall, von den beiden jungen Männern, vom Krankenhaus. Der Beamte ist sichtlich betroffen. Als André ihm das Ausweisfoto zeigt, studiert er den Namen und das Passbild, sorgfältig. Zum Namen macht er sich eine Notiz und sucht im Computer entsprechend nach. Schließlich schüttelt er den Kopf: Ich finde nichts Konkretes, aber wir sollten das weiter nachverfolgen, Sie sind doch – *un Strasbourgois, n'est-ce pas?*

Franziska hat in dem Städtchen Ribeauvillè ein Hotelzimmer bezogen, macht einen ersten Rundgang. An einem Weg durch die Weinberge sieht sie schon von Weitem ein halbes Dutzend hohe dunkle Holzstelen. Beim Näherkommen entdeckt sie, dass fast alle geschnitzte Köpfe tragen, auch die kleinen. Sie setzt sich auf eine Bank, möchte die Szene in sich aufnehmen. Ihre Botschaft weist aufs Land hinaus: Erinnert euch, steht geschrieben, dass hier über Generationen hinweg viele gearbeitet und so diesen eingefriedeten Weinberg zu einem mystischen Kleinod gemacht haben. Sie lächelt dünn, ein Beispiel für Verwurzelung, ja, aber es schwingt auch etwas Düsteres mit.

Dann informiert sie André. Dass sie bis gestern mit Judith zusammen war, dass es ihr schwerfällt, schwerer als erwartet, sie loszulassen und sich auf den Mann einzustellen, das muss sie mit sich selbst klären. Und sie muss sich auf seine Kritik gefasst machen: Er wird ihr vorhalten, ihn in der Berliner Klinik erst nach seinen Operationen besucht zu haben; das wird weh tun. Zwei Tage bleiben ihr noch…

Sie entdeckt ihn schnell, als er die Tür der Gaststube öffnet und sich suchend umblickt. Als er sie gewahr wird, eilt sie ein paar Schritte auf ihn zu, lachend. Die ersten Momente werden viel entscheiden. Als sie sich leicht umarmen, spürt sie sein Zögern, doch dann flüstert er: Die lange Zeit, gibt's uns noch? Sie nickt und drückt seinen Hinterkopf: Komm her, setz dich einfach zu mir, bestell was und erzähl. Nebenbei bemerkt sie, dass er seine Manschette angelegt hat. Hinter ihm liegen zwei Wochen in der alten Mannheimer Wohnung, eine Art Reha.

Bei Gugelhopf, Kaffee und Wasser stecken sie länger als eine Stunde die Köpfe zusammen. Zwischendurch wird's ein paarmal laut, so dass andere Gäste aufschrecken, und einmal flieht André auf die Toilette, weil er sich wieder einkriegen muss. Er erzählt, wie es gelungen ist, seine Manschette wieder zurückzubekommen, und davon, was ihm Florian Faltin über die Migranten aus dem Maghreb berichtet hat. Am Ende sieht es versöhnlich aus, vor allem als sie ihm zuflüstert, sie habe ein feines Zimmer bezogen. Und weißt du, fährt sie fort, ich könnte dich – falls du das möchtest – genauer mit literarischen Informationen zum Elsass füttern.
Er nickt und erzählt von seinem Gespräch mit der Redaktion.

Sie hätten nach längerem Rumgedruckse ihm zugesagt, dass er seine Berlin-Funktion für ein Jahr ruhen lassen könne. Stattdessen möge er verstärkt vom Dreiländereck berichten, doch dabei unbedingt seine „Originalität" (das hätten sie wirklich so gesagt) beibehalten. Für heute sei keine andere Entscheidung nötig. Bleiben Sie bei uns, wir wünschen eine Fortsetzung mit Ihnen, hieß es, das habe ihn echt gefreut.

André wirkt erleichtert – und Franziska ebenfalls. Doch kann es ihm gelingen, den Anlass aufzuspüren, der zur Attacke gegen ihn geführt hat? Mir gefällt das, sagt sie, wie du inzwischen damit umgehst: selbstbewusster als am Anfang. Wenn sich da aber, fährt sie nun energisch fort, tatsächlich Zusammenhänge ergeben zur algerischen oder marokkanischen Herkunft der jungen Schläger oder wenn sogar die Berliner Clans dabei eine Rolle spielen – hör mal André, das kannst du nicht so einfach stehen lassen,

DU MUSST ETWAS TUN, du bist Journalist. Sie wechseln zu einer Winstub mit gutem Essen.

Franziska knüpft sofort wieder an: Ich werde zu deinen Enthüllungen etwas beitragen. Als er fragend die Augenbrauen hebt, legt sie nach: Die Literatur ist voll von Heimtücke, vom Bösen, von Gewalt. Oder nimm Hannah Arendt, Norbert Elias – eine Fundgrube. Wir sammeln laufend Materialien zur Geschichte von Gewaltopfern aus dem Kreis der Dichter und Literaten. Unvergessen Jean Améry: „Die Wunde vernarbt mit dem Gegenschlag". André nickt, ja, den Satz kennt er. Und er hatte schon beim ersten Mal begriffen, dass dieser ‚Gegenschlag' eine männliche Eigenart ist, so glauben wir Männer mit Verletzungen, mit Geringschätzungen umgehen zu können. Und Frauen?

Im Hotelzimmer stößt Franziska beim Einräumen einen spitzen Schrei aus, durchwühlt sämtliche Taschen und Beutel und schleudert den Inhalt auf den Fußboden. Da weiß André, dass er angekommen ist. Was suchst du? Ich dachte, ich habe zwei hübsche Tücher und eine Kerze mitgebracht, sie sind verschwunden, offenbar vergessen… Sie schaut ihn entnervt an. Er lächelt nur, sie ist erleichtert. Später merkt er im Halbschlaf, wie sie behutsam mit zwei Fingern einige seiner Narben nachzeichnet und wie ein paar Tränen auf seine Haut tropfen. Er verspürt ein Glücksgefühl. Später hört er ihre Atemzüge, manchmal ein leises Schnarchen, er tastet mit seiner rechten Hand an ihre Seite, spürt ihre Wärme und lässt die Hand an ihrer Hüfte ruhen.

Beim schläfrigen Aufwachen flüstert sie ihm zu: Verzeih mir, ich kam nicht sofort an dein Krankenbett, es gibt keine Ausrede, nur meine Schwäche, meine Eigenwelt. André schweigt, brummt, sagt dann mit einem kurzen Kuss: Hätt ich dich unbedingt gebraucht, hätt ich dir's unbedingt ins Telefon geschrien. Wirklich? Das Bett verlassen sie erst später.

Hoch oben am Ende des Münstertals wollen sie einen ersten Eindruck gewinnen. Sie fahren mit Franziskas kleinem Peugeot und nehmen im Bahnhof *La Schlucht* die Sesselbahn. Steil geht's hoch und dann auf zwanzigminütigem Fußweg, in robuster Kleidung, hinüber zum wuchtigen ‚Hohneck'. Sie wundern sich mehrmals, wie schroff die Hänge mit ihren Felsen ins Rheintal hinabstürzen. Auf einigen Bergrücken liegt erster Schnee. André wird bewusst, dass er zwar wesentliche Eigenheiten des Elsass kennt – er ist lange genug mit seiner Straßburger Zeitung verbunden –, aber selten kam er bisher dazu, konkrete Orte oder Naturschönheiten für sich zu entdecken.

Bei klarem Wetter nehmen sie sich Zeit, um die Aussicht zu genießen. Was sie beide fesselt, sind die herrlichen Blicke Richtung Osten und Süden: die bläulichen Berge des Schwarzwaldkamms, wie ein weitgespanntes Band, davor, mit dem Feldberg, das schemenhafte Freiburg, rechterhand ein Schimmer, eine Ahnung der Schweizer Alpenkette. Basel muss man sich dazu denken. André versteht, dass diese Aussicht wie ein Abbild das Besondere des Elsass vermittelt: Die Region ist verbunden, auch jenseits der französischen Umgebung.

Am Nachmittag findet in Colmar ein lange angekündigter *„Dialogue entre Voisins"* statt. André und Franziska sind dabei, die zwei Tickets stammen von der Straßburger Zeitung. Der Saal ist gut gefüllt, kein Wunder, die beiden Partner Bruno und Martin sind weithin bekannt. André kennt Martin G. flüchtig, er macht Filme, schreibt ab und zu für eine benachbarte Zeitung und lässt sich immer gerne bei der ‚interessierten Öffentlichkeit' blicken. Den zweiten Redner Bruno L., philosophisch und soziologisch renommiert, kennt André bisher nicht. In den halblauten Gesprächen rundum hört er heraus, er sei voll sprühender Ideen, aber auch recht sperrig – mal sehen. Schon sein Äußeres macht neugierig: gelber Seidenschal und erdfarbene Mütze.

Heute wird ausschließlich Französisch gesprochen. Franziska ist auf die Übersetzungen Andrés angewiesen, seitlich hat sich dazu eine Flüsterecke gebildet. Umso mehr kann sie sich auf das lebhafte Mienenspiel und das Aufeinander-Eingehen der beiden Redner konzentrieren. An einem kleinen Tisch sitzen sie sich gegenüber – zwei alte Männer, die noch etwas vorhaben. Bruno hat mit heiterer Miene seine zerknautschte Mütze abgenommen. Martin streut zu Franziskas Freude immer wieder deutsche, genauer gesagt: alemannische Sätze ein, und das offenbar aus elsässischer Überzeugung.

Der Einstieg fasziniert André: Beide loben hoch erfreut, dass sie aus einem Weingebiet kommen. Bruno sieht sich geprägt durch das schöne Burgunder Rebland und die damit verbundene

Lebensart. Martin verweist mit ausholender Handbewegung auf die elsässische Weinkultur, auf das besondere Flair der Städtchen und Dörfer: Da haben wir unseren gemeinsamen Ausgangspunkt, das Terroir – die typischen Landschaften, mit ihrer Kultur und ihrem Geschmack! Kurzer Blick zu Bruno, der nickt heftig.

Martin weiter: Und diese besondere Qualität geht uns verloren, wir können's nur spüren, nicht fassen, eine schleichende Veränderung des Alltags. In einer Zeitungskolumne las ich kürzlich: Wie soll jemand Respekt für andere aufbringen, wenn man das Gefühl hat, das Eigene aufgeben zu müssen? (hebt jetzt die Stimme): Aber statt zu resignieren, sollten wir uns lieber auf unsere eigenen Stärken besinnen. Hunderte origineller Menschen sind bei uns aktiv, sie brauchen Unterstützung. André nimmt das auf, er sucht Hinweise, um selbst überzeugt zu werden.

Bruno schließt unmittelbar an: Ja, viele von uns verspüren eine besondere Art von Verlorenheit oder Verlassenheit. Er macht geschickt eine Pause. Und als er fortfährt, ist's André, als habe er plötzlich beim Vortragen den rechten Arm hochgereckt, mit stechendem Blick die vor ihm Sitzenden förmlich aufgespießt, als sei seine Stimme angeschwollen, als sei er so in eine heftige, attackierende Haltung umgestiegen, geradezu bedrohlich:

Es geht, schreit er, um unser Selbstverständnis, um die Grundlagen unserer Existenz. Wir werden krank an unserem eigenen Land, der Boden schwankt, das erzeugt unguten Schwindel. Schlägt er jetzt mit seiner Mütze auf den Tisch? Die Erde soll dauerhaft bewohnbar sein, und zwar für alle. Wir werden jedoch alleine gelassen. Ein belastendes Gefühl ist das. Eine Art Heimweh im eigenen Land. Das ist unser Thema.

Plötzlich klatschen einige Beifall, und André reibt sich die Augen, hat ihm nicht soeben Bruno zugezwinkert? Er kann weder Schreie noch Drohungen ausmachen, alles scheint gut. Sein Arm sucht Franziska.

Jetzt hakt Martin nach: Das war deutlich. Ihr werdet gleich konkrete Beispiele hören, und ich bin sicher, jede und jeder hier im Saal kann Ähnliches dazu beisteuern. Aber wir sind auch trotzig: Es gibt wichtige Vorhaben, wir brauchen Allianzen.

Nach einer Stunde dürfen die Gäste hinaustreten ins Foyer und sich zusammen mit einer Brioche ein Glas Wein servieren lassen.

Im Raum herrscht lebhaftes Stimmengewirr. André hat sich an die Wand gelehnt.

So in Gedanken? Es ist der Redner Martin: kahler Kopf, Brille mit blauen Bügeln, offener Blick, Lachfältchen, ein lebensfroher, kundiger Mensch. Wie hat wohl der Disput auf den Kollegen aus Straßburg gewirkt? Franziska, einige Meter entfernt, bemerkt, dass André wie abwesend wirkt. Er ist nicht bei der Sache – aber was ist denn die Sache?

André nimmt einen Schluck Wein: Ein weites Thema – offen gesagt, weiß ich nicht, wie ich dazu stehe. Mir ist unbehaglich zumute, ich habe vor allem Zweifel, ob Ihre Appelle Erfolg haben können. Ist es nicht so, dass es fürs wirksame Handeln nötige Voraussetzungen braucht? Er nimmt einen weiteren Schluck. Martin antwortet nicht gleich.

Entschuldigen Sie – es fehlen die konkreten Akteure: Es gibt, wohlgemerkt unter globalen und digitalen Bedingungen, es gibt hier, im überschaubaren Rahmen der Départements, niemand, wirklich niemand, den Sie haftbar machen könnten. Ich meine, haftbar dafür, dass wir Menschen auf Kosten unserer Erde leben, sie missbrauchen. Und außerdem: Es gibt, trotz vieler Initiativen, keine handlungsstarke, breit aufgestellte soziale Bewegung, die Druck machen könnte. Ein (mit Gänsefüßchen) belastendes Gefühl schafft noch lang keine radikale Praxis – ich bin skeptisch. Er starrt in Martins Gesicht.

Der lächelt jetzt ein wenig und sagt langsam: Damit haben Sie recht, *dasch das, wo öis Elsässer fehlt* – nötig sind unsere Argumente trotzdem, wir müssen diese Diskussionen öffentlich führen, Netzwerke bilden, überall. Sind Sie Pessimist? Ich bin übrigens von Hause aus Pfarrer. Als André weiter skeptisch dreinschaut, ergänzt er: Wir haben doch hier eine demokratische Vorgeschichte. Wir können uns auch selbstbewusst öffnen, eine ausgreifende Regionalität fördern. Er reckt sich energisch. Die Maxime aber lautet: Wir sollten unsere Eigenart und Eigenwelt neu beleben, unseren solidarischen Beitrag aushandeln, immer wieder neu finden. Wie wär's, wenn Sie einfach mitmachen? Das Elsass ist der ideale Testfall.

André neigt sich vor und sagt leise: Vorhin dieser Zwischenruf, wissen Sie, wer das war, woher er kommt? Martin zuckt die Achseln: Den Mann kenne ich nicht. *I ha dänkt,* er ist französischer Migrant aus Algerien oder Marokko. Ja, er hat auf die besondere Lage der Zuwanderer hingewiesen, ich finde, zurecht – eine Antwort weiß ich nicht.

Ich frage aus persönlichen Gründen, ein familiäres Problem. Haben Sie noch fünf Minuten? Martin nickt. André schaut fragend zu Franziska, sie schaut nicht her, sie lacht mit der jungen Frau neben sich. Und ihm fällt das kürzliche Gespräch mit Florian Faltin ein.

Wissen Sie etwas über das Leben algerischer oder marokkanischer Zuwanderer im Elsass? Martin zögernd: Das ist kompliziert – die algerischen Franzosen sind für uns schwieriger, der Krieg für ihre Unabhängigkeit hat viele traumatisiert. Seit etwa 60 Jahren sind sie zu uns gekommen, wichtige Arbeitskräfte, oft halten sie an alten Gebräuchen fest. Was mir dazu auffällt: Die Menschen der maghrebinischen Länder wollen sich offenbar ständig rächen, sie haben historisch meistens verloren … ja, da ist es wieder, das Verlorene, vieles ist miteinander verbunden.

(Lebhafter) Wie kann das je besser werden? Meine Kontakte reichen nicht zu ihnen. Migranten aus Afrika sind ein Stachel für die Grande Nation. Leider sind sie öfters in Unruhen verwickelt. Die meisten Einheimischen wollen mit ihnen nichts zu tun haben, sie begreifen aber inzwischen: Die Zuwanderer werden bleiben. Er nimmt von einem durchgereichten Tablett ein Glas Saft.

Aber ein gutes Beispiel weiß ich auch: In Straßburg arbeitet auf dem Rathaus ein Marokkaner, den Namen kennen Sie womöglich, Ihre Zeitung sitzt ja dort. André schüttelt den Kopf. Martin weiter: Er macht Kulturarbeit, hat neulich grenzüberschreitende Filmaufführungen organisiert, vor allem in Kehl, er weiß gut Bescheid. Es kommt natürlich darauf an, was Sie herausfinden wollen. (Pause) André schweigt, trinkt sein Glas leer.

Sie könnten vielleicht auch einen der nordafrikanischen Kulturvereine aufsuchen, vielleicht auch eine der Moscheen. – Wo finde ich die? – Im Raum Mulhouse zum Beispiel. Da fällt mir ein, dass auch in Mulhouse, ähnlich wie in Straßburg, das städtische Kulturamt recht aktiv ist; es gibt eine Website, schauen Sie mal rein.
André: Mir ist natürlich klar, dass die meisten Zuwandererfamilien in den südlichen Départements leben, Mulhouse ist nicht Marseille. Ich suche eine konkrete Person – danke für Ihre Mithilfe!

Sie schütteln sich freundschaftlich die Hand. Martin: Sie wissen schon, dass Deutsche, vor allem, wenn sie hier beruflich tätig sind, Französisch als zweite Staatsangehörigkeit beantragen können. Wie wär's damit? (Im Weggehen) Falls Sie über unseren Dialog in Ihrer Zeitung berichten wollen: kurzes Signal fände ich schön.

Sie bleiben noch zwei Tage in Colmar, länger hält er es nicht aus. Die Stimmung ist angespannt. André will Franziska davon überzeugen, dass er möglichst bald nach Mulhouse reisen sollte. Da empört sie sich: Deshalb bin ich nicht zu dir gekommen, verstehst du das? Was soll ich in Mulhouse? Übrigens, meine Urlaubswoche geht übermorgen zu Ende.... Na klar, unterbricht er sie grob, Judith wartet! – Lass Judith aus dem Spiel. Ja, bei uns hat's gefunkt, für mich eine wichtige Erfahrung. Mir ist's, als seien wir verbunden, durch eine uralte Geschichte, denk an meinen zweiten Vornamen. ABER ZU DIR HALTE ICH, WEGEN DIR BIN ICH HERGEKOMMEN. Er starrt sie an. – Judith wird in Kürze nach Israel abreisen, und Schluss!

Martin hat mir Hinweise geliefert, meint André etwas ruhiger, ich muss denen nachgehen. Begreif doch: Ich werde sonst diese Überfälle nicht los; das lähmt ja auch uns. Und du hast mich zurecht aufgefordert, etwas zu tun, das will ich. – Dann mach das, wenn ich wieder weg bin, überleg dir's – und zwar rasch, legt sie nach, als sie nach ihrer Jacke greift und zu einem Alleinspaziergang aufbricht. André bleibt verärgert zurück, er weiß aber gleichzeitig, dass er soeben auch stur war, ohne sie wirklich überzeugen zu wollen.

Als sie zurückkommt, weiß sie sofort, was los ist. Auf dem kleinen Tisch liegt ein Zettel: „Es muss sein!" Sie nimmt den Autoschlüssel und rennt raus. Am Bahnhof sieht sie André auf dem Bahnsteig warten, mit dem kleinen Rucksack, neben sich die Reisetasche, auf dem Kopf die Baseballkappe, hinten mit Zopf. Er entdeckt sie, verdutzt. Atemlos legt sie los: Ich hab's begriffen! Du stehst auf dem Bahnsteig, aber sag mir einen triftigen Grund, warum das jetzt sein muss, einen einzigen!

Er steuert eine Bank an, und sie setzen sich. Er lächelt schief: Blöd hier, ich muss immer noch zwanzig Minuten warten. Also: Drin – er klopft auf seine Manschette – sind inzwischen mehrere Hinweise und Kommentare aufgezeichnet. Einer der beiden Schläger, die mich attackiert haben, ist offenbar algerischer Herkunft;

die Spuren sind recht klar. Er nestelt in seiner Briefmappe und holt die Kopie des Ausweises hervor. Das ist er, aber es führt nicht weiter. Martin gab mir zwei, drei konkrete Adressen in Mulhouse, die können mir weiterhelfen.

Jetzt bin ich da, jetzt muss ich klarkommen – versteh mich, Lea, ich find sonst keine Ruhe. Und noch was: Von dem, was mir widerfahren ist in Berlin, hab ich offenbar einiges falsch eingeschätzt. Das muss ich mir eingestehen, und das ist eine elende Quälerei, das ist echt schmerzhaft. Sie reden noch, bis der Zug einfährt; Franziska ist weg, bevor er einen Sitzplatz gefunden hat.

Während André in Mulhouse beginnt, seine Spur aufzunehmen, im Kulturamt der Stadt einen Termin macht und in der riesigen Markthalle nach nordafrikanisch anmutenden Verkaufsständen sucht, hält sich Franziska noch einen Tag länger in Colmar auf. Sie schickt eine kleine Skizze auf Andrés Manschette. Natürlich liest er das sofort:

DU GETRIEBENER,

Wir haben vorgehabt, uns mit dem Nachwirken des Elsässers René Schickele zu beschäftigen. Mir geht's wie ihm damals: Die Verständigung war jahrelang seine Passion, sein Herzensanliegen. Und was geschieht? Ich reise zu dir ins südliche Elsass, ich freu mich auf dich, ich möchte nach der längeren Pause vieles austauschen mit dir, innig sein mit dir – und dann servierst du mich ab!
Bei Schickeles Anliegen ging es allerdings um Deutschland und Frankreich. Er war nach dem Ende des Ersten Weltkriegs eine wichtige Stimme und kritisierte vehement, dass die Region Elsass-Lothringen ohne Volksbefragung an Frankreich fallen sollte. Als die Nazis die Macht ergriffen, emigrierte er nach Südfrankreich. Seine literarischen Werke, finde ich, sind Abbilder der deutsch-französischen Zerrissenheit. Es gibt nur ein Buch in französischer Sprache: ‚Le Retour', voll Enttäuschung über die misslungene Versöhnung. Er starb 1940 an Herzversagen (!).
Träumen wir nicht oft davon, ein Herz und eine Seele zu sein? Das gelingt uns aber nicht, der Wunsch ist gestört. Oder ist es gar kein Wunsch? Ingeborg Bachmann hat einmal vom ‚traurigen Geist der Männer' gesprochen, ich finde, dem solltest du dich nicht

einfach hingeben. Vielleicht können wir mit René Schickele sagen: Wenn die alten Imperien und Gewissheiten verschwinden, dann wachsen auch wieder neue humane Kräfte heran – eine gute Botschaft, vielleicht sogar für unsere ganz persönlichen Erforschungen! Allerdings wird dies auch mit Schmerzen verbunden sein, es fällt einem nicht einfach zu, wir müssen immer auch etwas drangeben – so kommt's mir vor. Wir sind beide also aktuell mit eigenen ‚Baustellen' befasst, und wenn das Bauen gelingt, auch mit neuen Kräften,
ich wünsch uns das, F.

André merkt, dass ihm dieser Text, dass ihm Franziskas Werben nachgeht. Als er abends überlegt, ob er in seinem spärlichen Gasthof oder im Zentrum essen soll, kündigt sich unverhofft Patrick an, mit einer SMS. Darauf war er nicht gefasst. Eine Stunde später sitzen sie einander in der Nische einer marokkanischen Gaststätte gegenüber, jeder mit einem arabischen Gericht vor sich und mit dampfendem Tee.

Sie essen schweigsam, beide brauchen das behutsame Annähern, bevor sie reden können. Zwischendurch grinsen sie sich an, machen einen Spaß übers Elsass, übers Essen, übers Antiquariat – bis sie locker genug sind, um sich härteren Themen zuzuwenden. André erzählt kurz von Franziska, Patrick hört genau hin, spart sich aber irgendwelche Ratschläge.

Nun wird der Freund plötzlich ernst: Seit wann bist du aus Verona zurück? – Seit einer Woche, dann hörte ich von deinem Überfall, es war klar, dass ich nach dir schauen will. – Einfach so? André wird lauter. – Patrick ruhig: Ich weiß, zu viel Zeit dazwischen. Und ich weiß, du warst bei Uta, sie lässt gut grüßen, ich bin auch Botschafter. – Was ist mit der Krankheit? – Möchte ich jetzt nicht ausbreiten, aber im Moment komm ich zurecht, ich sollte meine Werte – meine Werte! – regelmäßig kontrollieren lassen, vielleicht wird's stabiler. Das klingt unklar.

André erzählt, wie er den Überfall erlebt und danach seine Genesung gemeistert hat, und Patrick, der sorgfältige Zuhörer und Hingucker, hört heraus, dass da noch eine Menge aufgestauter Schmerz enthalten ist. – Warum, sag mir bloß, warum bist du jetzt ausgerechnet in Mulhouse gelandet? – Das hat mit dem Überfall zu tun, warte ab, hier kann ich nicht frei reden. Sie schweigen wieder, etwas schwingt mit, was sie beide nicht greifen können.

Am nächsten Tag erkunden sie gemeinsam einen der Stadtteile mit zum großen Teil nordafrikanischer Bewohnerschaft: das Quartier Aubewiller. Ein aufgeweckter Junge schleicht um sie herum, tut beiläufig, bleibt aber dran – bis André ihn französisch anspricht: Wie heißt du? – Boualem. – Sag mal, Boualem, wo treffen sich die jungen Männer, gibt's einige Treffpunkte, Häuser? Wir suchen jemand. Der Junge zögert. Dann winkt er, sie sollen ihm folgen. André sucht, während sie ihm misstrauisch hinterhertraben, in seiner Jackentasche den Zettel, auf dem ein Marktverkäufer eine Adresse aufgekritzelt hat. Der Junge streicht den Zettel glatt, schaut genau hin, und André bemerkt, echt verwundert, dass er ihn entziffern kann. Dann schaut Boualem auf und sagt: *Rue Jean Cormiz*, nicht weit von der *Avenue de Rouffach*, dazu lacht er und winkt sie weiter.

Das Viertel wirkt auf André schlicht, es sieht nach kleinbürgerlicher Bevölkerung und wenig Geld aus. Das Straßenbild zeigt nicht auf Anhieb, wie hoch hier der Anteil der Menschen mit maghrebinischer Herkunft ist. Sie steuern eines der einfachen dreistöckigen Häuser an, am Rande des Viertels mit wenigen Geschäften, einem Bistro und kleinem Gewerbe, im Hintergrund zwei riesige Hochhausriegel. Der Junge betritt einen Innenhof mit Bäumen, durchquert ihn und öffnet eine seitliche schmale Tür, alles wirkt provisorisch, abgenutzt. In einer Art Flur verharren sie. Der Junge bedeutet ihnen zu warten und öffnet die nächste Tür, dahinter dringen Geräusche zu ihnen her, ein Stimmengewirr, auch seltsame Klänge. Sie stehen lange, der Abend naht bereits.

Endlich kommt der Junge zurück, lächelt, wird gleich wieder ernst und winkt sie herbei. Sie betreten einen großen Raum, so ungewöhnlich, so bunt, dass ihnen der Atem stockt. So muss das Beamen sein, von einem Moment zum anderen der jähe Wechsel! In der Mitte eine Säule, ringsum wenig Mobiliar, ein abgetretener Teppich, dessen Farbe verblasst ist. Die Säule soll, wie es aussieht, die Decke stützen, offenbar wurde eine Wand herausgenommen, um Raum zu gewinnen. Es herrscht Dämmerung, die dunklen Vorhänge sind fast geschlossen, acht, zehn dicke Kerzen werfen zusätzlich etwas Licht. Im Hintergrund ein knisterndes Feuer, ein halboffener Kamin mit eingebautem Schornstein, eine kräftige

Glut. Die Wärme durchdringt den ganzen Raum, ein Duft nach Holz und Harz vermischt sich mit dem Geruch nach alten Stoffen und verbrauchter Luft.

Eine Frau und ein Mann erheben sich langsam und treten den Gästen entgegen. Der Junge drückt sich seitlich an die Wand. Die Frau in mittlerem Alter trägt einen langen schwarzen Wollrock, dazu einen bunten Gürtel und eine hellblaue Bluse, im Haar stecken zwei Kämme. Der Mann, ähnlich alt, wirkt stämmig, muskulös, mit Jeans und einem dünnen schlammfarbenen Pullover – und er trägt, was die beiden Besucher hier wundert, eine modische getönte Brille. André und Patrick verbeugen sich leicht, lächeln, André bedankt sich französisch artig dafür, dass sie empfangen werden. Die beiden nicken unmerklich und stellen keine Fragen. Der Mann macht eine einladende Armbewegung, hin zu einer Ecke, in der bereits fünf andere Personen Platz genommen haben.

Jetzt werden die ankommenden Gäste gewahr, dass an den Wänden entlang zahlreiche große Kissen aus Brokatstoffen, teils weinrot-vergoldet, teils dunkelgrün-vergoldet, aneinandergereiht wurden. Sie lassen sich nieder, nicken auch den anderen zu, alle schweigen. Die Frau hebt ihren linken Arm, da kommt schon ein Bursche herbei mit der schlanken Teekanne, den Gästen wird reihum in festem Strahl, doch ohne Zeremonie, ins Glas eingegossen, dann wird die Kanne auf das vorbereitete Blechstövchen gestellt.

Nun genießen sie langsam den dunklen Tee, mit Geschmack nach Rauch und Minze, bevor irgendetwas zu Besprechendes vorgebracht werden darf. Sie sind hier in Algerien, und sie sind eingetaucht in eine schummerige Szenerie, zu der sie selbst bisher nichts beitragen können. Sie werfen sich einen kurzen Blick zu, lehnen sich zurück und loben den Tee.

Es ist dann ein geschickter Augenblick, als André den Mann anspricht und ihm die Kopie des Ausweises zeigt, die er seit seinem Gespräch mit F. F. bei sich trägt. Die Frau nickt ihm zu und sagt leise: *le chef.* Der nimmt die getönte Brille ab und schaut sich das Papier lange an, dann reicht er es an die Frau hinüber. Dazu sagt er ebenso leise: *femme de menage.* André übersetzt für Patrick: die Haushaltsführerin. Der Chef fragt: Warum? André zögert einen Moment, dann macht er klar: Eine Schlägerei in Berlin, er war dabei, ich war das Opfer. Der Chef hebt die Augenbrauen, nickt leicht. Doch Minuten später gibt's von beiden ein deutliches Kopfschütteln. Die Frau erklärt, der da – und das klingt verächtlich – sei ein Herumtreiber, ein *‚homme vil'*, seit Wochen habe er sich hier nicht sehen lassen.

André fragt gezielt nach. Ja, bestätigt sie, er sei hier bekannt, manchmal komme auch ein Freund mit. Wie der heiße, fragt der Besucher. Sie sagt ihn so, dass es kaum zu verstehen ist, doch André vernimmt vor allem den Zusatz ‚Ibn Omar', also Sohn des Omar. Da zuckt er zusammen, was seinen Gastgebern nicht entgeht. Wer ist Omar? fragt er sofort nach. Da wird der Blick der Frau böse und ihre Stirnfalte vertieft sich deutlich. Sie ignoriert seine Frage und macht mit einer scharfen Handbewegung klar, dass dazu nichts, aber auch gar nichts weiter zu sagen ist.

Patrick mischt sich jetzt ein und glättet die Wogen, wenn auch holprig: André, er zeigt auf ihn, immer noch empört, immer noch verletzt. Er zeigt auf dessen deutliche Narbe am Hals. André übernimmt: Wichtig ist nur der Vorname des Freundes und wo wir ihn treffen könnten. Die Frau, nach Blick zum Chef, etwas entspannter: Name Maruan. Dann zuckt sie mit der Schulter, sie weiß nicht, wann er wieder auftauchen wird.

Als die beiden das algerische Haus verlassen und dem Jungen eine 2-Euro-Münze in die Hand drücken, ist schon die Dunkelheit hereingebrochen. Patrick nach wenigen Schritten, mit trockenem Lachen: In den slawischen Ländern würde dieser Sohn Maruan Omarowitz heißen, klingt doch gut. André schaut ihn verblüfft an. Sie finden zurück ins Hotel und beratschlagen dort lange. Patrick gewinnt den Eindruck, sein Freund sei aufgewühlt und beunruhigt. Doch auf sein Nachfragen hört er von ihm nur ein dumpfes: Ich-muss das-erst-für-mich-sortieren.

IM TAUMEL

André besucht am nächsten Tag ohne Patrick das Kulturamt der Stadt Mulhouse. Eine Frau um die fünfzig blickt ihn an, wie das bei bürokratischen Vorsprachen üblich ist – doch auch ein bisschen neugierig. Er zeigt den Personalausweis vor und erklärt sein Anliegen. Ah, sagt sie rasch, Monsieur Ornschou, ich weiß: Straßburger Zeitung. Das ging schon mal schief. Er bemüht sich, ihr verständlich zu machen, dass er nicht für die Zeitung unterwegs ist: *C'est une demande privée, complètement privée.* Seinen Einstieg bietet der Name Maruan ibn Omar. Der Name löst bei Mme. Vouler Besorgnis aus, sie schnaubt und rollt die grauen Augen. Dann entschuldigt sie sich und verlässt den Raum.

Nach einigen Minuten kommt eine zweite, jüngere Frau herein und bringt ihm einen *petit café.* Dann rauscht Mme. Vouler wieder herein und erklärt ihm in wohlgesetzten Worten, der Name Maruan sei im Hause unbekannt, doch Monsieur Omar sei ein wertvoller Förderer der Mulhouser Kulturarbeit. Ihr Chef würde sich freuen, wenn er, Monsieur Ornschou, über die engagierten Aktivitäten des Kulturamts eine Reportage in der Straßburger Zeitung bringen könne.

Daraus entspinnt sich nun ein längeres Gespräch, bis André aufsteht und mit einem artigen Dankeschön das Rathaus verlässt. Tatsächlich ist er aufgescheucht, gleichzeitig misstrauisch. Immer wieder zieht er ein undeutliches Foto aus seiner Jackentasche, aus einem Prospekt der Mulhouser Kunsttage, und betrachtet das Gesicht des Mannes. Schließlich schickt er das abfotografierte Bild an Ulrike nach Berlin.

Patrick berichtet beim anschließenden Treffen, auf dem Markt habe es bei seinen holprigen Fragen freundliche Antworten gegeben, aber oft auch Getuschel und seltsame Blicke im Hintergrund. Er überrascht den Freund mit der Information, dieser Omar sei einigen hier bekannt, lebe aber wahrscheinlich in Basel. Eine echte Neuigkeit. Basel? Hier im Dreiländereck wird oft grenzüberschreitend gearbeitet, durchaus möglich.

André ruft Uta an und verabredet mit ihr, dass sie ihm zu einzelnen Schritten seines Vorgehens einen direkten Kommentar beisteuert. Er weiß, sie kann ihm mit ihrem distanzierten Blick das Nötige signalisieren, er will sich nicht vergaloppieren.

In der Markthalle nähert er sich den beiden Nischen, die Patrick ihm beschrieben hat, als er daneben eine seltsame Bewegung wahrnimmt: Zwei Burschen schäkern und sind offenbar dabei, zwei jüngere Frauen mit Kopftuch anzumachen. André zuckt plötzlich zusammen, die Bilder aus Berlin stehen vor ihm, sind das die beiden? Er reibt sich die Augen, ungläubig. Jetzt starren sie zu ihm her – und jetzt sieht es doch so aus, als hole der eine den Knüppel hervor und der andere setze sein Grinsen auf. André reagiert panisch: Sie werden sich auf mich stürzen, ich spüre das, ich bin ihnen ausgeliefert... Im Nu sind sie verschwunden.

André tritt zur Seite. Er spürt Herzklopfen, leichten Schwindel, und sofort steigt auch Wut in ihm auf. Was könnte Uta ihm raten? Er meint, genau ihre Stimme zu hören. Nachsichtig führt sie ihm seine Neigung vor, in brenzligen Situationen mittenrein zu gehen, sich aber dann Blessuren zu holen und darüber erzürnt oder erschöpft zu sein. Ihr Rat daher, die Situation nüchtern zu betrachten, mit etwas Abstand.

Und so wird ihm klar: Dass hier ein Bursche einen Schläger schwingt, in dieser belebten Markthalle, das kann nicht real sein, das sind seine Bilder. Die vorsichtigen Rückfragen bei den Verkäufern führen zu Schulterzucken, keiner will zwei solche Burschen bemerkt haben, einen Knüppel schon gar nicht, keiner leiht ihm wirklich sein Ohr. Allerdings, als er Maruan erwähnt, dreht sich einer der Männer unwillkürlich um – macht dann aber sofort mit beiden offenen Händen eine hilflose Geste.

Genug – diesmal würde er der Akteur sein. Die Spur ist frisch, und es bleibt die Frage, warum es sein kann, falls sie hier sind, dass sie sich gleichzeitig mit ihm in Mulhouse aufhalten.

Abends wirkt Patrick unerwartet blass und schlapp. André schaut ihn an: Was ist? Fühlst du dich krank? Patrick macht eine wegwerfende Bewegung, doch André entdeckt in seinem Gesicht etwas Schmerzliches. Und der Antiquar erzählt leise: Erinnerst du dich, dass ich dir mal in Berlin von Marc Chagall erzählt habe? Es gibt von ihm ein Bild, das drängt sich mir auf, immer wieder: Der alte Bauer, grau und müd hockt er auf seinem Pferdegespann. Alles schief, seitlich vor dem Wagen die Andeutung einer wackligen Scheune, über ihm ein paar schwebende Figuren, wie man sie bei Chagall oft findet, vielleicht Engelwesen oder die Spur verstorbener Freunde, sie scheint, schleierartig, noch nachzuglühen. Die gebeugte Gestalt selbst hat mich tief berührt, ein vom Leben schwer bedrückter Mensch, ein willenloser. Seine Bewegung wird einzig durch das ziehende Pferd erbracht. Doch er bleibt sitzen, vielleicht döst er, vielleicht hat er sich schon hinwegbegeben, ob er noch seinen kleinen Hof erreichen kann, bleibt ungewiss. – André fasst nach Patricks Schulter und drückt sie.

Der wirkt jetzt fahrig: Ich muss abreisen, mein Arzt hat mir zugeredet. Echt schade, es wird hier richtig spannend. Er lächelt etwas gezwungen. Eins aber will ich dir noch als wichtiges Stichwort zurücklassen, nur mit zwei Worten. Patrick flüstert ihm was ins Ohr, steht dann auf. André ist verblüfft, er hat das nicht gewusst. Die Freunde umarmen sich.

Bei André tickt dieser Hinweis, verbunden mit dem möglichen Fortgang der Ereignisse innerlich weiter. Am nächsten Morgen ruft er Dan an, seinen Kollegen in Strasbourg. Er schildert ihm die Umstände, sein ungutes Gefühl, er bittet ihn, sich mit Hilfe einer internen Recherche über diesen Omar in Basel zu informieren. Dan ist verblüfft, lässt sich noch weitere Details erklären und verspricht dann, am nächsten Tag wieder anzurufen.

Kurz darauf ruft Ulrike an, sie gibt sich verwundert über die detektivischen Versuche Andrés und meint, das ihr übersandte Foto sei zu ungenau, um den Bruder ihrer Mutter identifizieren zu können, zumal er, wie sie altklug ergänzt, inzwischen acht Jahre älter geworden sei. André ist enttäuscht, fragt aber nach ihrem Bauch. Es gedeiht, sagt sie locker mit einem Lacher, noch ein paar Wochen, dann bist du Opa.

Zwei Tage später wieder Dan: Ich kann mich kurzfassen, es gibt tatsächlich Material zu diesem Omar. Mühsam, aber geschafft. Aus Sicherheitsgründen sag ich dir: Ich werde alles Weitere per Post an deine Hoteladresse schicken, bist du einverstanden? Was heißt ‚aus Sicherheitsgründen'? will André wissen, sofort misstrauisch. Dein Smartphone, vor allem deine Manschette – ich möchte nichts dramatisieren, aber es gibt da einen Zusammenhang. Über das Innenleben und die heimliche Software in solchen Geräten besitzt du keine hinreichenden Infos. André muss ihm Recht geben, und Patricks Hinweis wird jetzt verständlicher.

Er zündet sich ein Zigarillo an.

DANS BRIEF LAUTET WIE FOLGT:

Der Mann ist bekannt, aber gleichzeitig hat er offenbar etwas Rätselhaftes an sich, denn es gibt fast nur Andeutungen oder nebulöse Hinweise. Du kennst mich: So etwas gefällt mir! Und um dir sofort das Geheimnis zu lüften, um wen es sich handelt: Er heißt Omar Saadi, ist etwa fünfzig Jahre alt, stammt offenbar aus Algerien. Er lebte wohl lange Jahre in Frankreich, neuerdings tatsächlich in Basel, Privatadresse unbekannt. Ist das nicht super, dass ich so rasch fündig geworden bin? Ist er dein Mann?

Mir wurde erklärt, in seiner Herkunftsregion des Maghreb habe es immer wieder Freidenker gegeben, begabte, eigenwillige Menschen mit viel Interesse für Wissenschaft und auch für verrückte Ideen. So einer scheint er zu sein. Offenbar lassen sich verrückte Ideen auch in Geschäfte ummünzen. Er verstand es, sich einem Start-up-Projekt anzuschließen, das vor vier Jahren in Basel gegründet wurde.

Das Vorhaben kommt mir recht verstiegen vor. Es soll so etwas wie ein neues digitales Kleingerät konstruiert werden – und da kommt die Armbanduhr ins Spiel: Wie sie, soll auch das Kleingerät der Zukunft am Handgelenk befestigt werden (kleiner als deine Manschette). Sie probieren dafür den neuen Namen ‚Smartwatch' aus. Und es soll – auch das gravierend – ohne Zwang zur Werbung auskommen. Fragen dazu: Wer liefert das Betriebssystem, wie sieht ein spezifischer Service aus? Damit ist offenbar ein Team von ‚Nerds' zugange, also bestens geschulte Angehörige der Tech-Elite. [Ja, die ‚Nerdyness', immer noch einsetzbar!] Für sie gilt die digitale

Technologie als eine Art Prothese oder Implantat, eine Verschmelzung zwischen Körper und Technik. Insgesamt hört sich das alles oberschlau an – aber, wer weiß, es laufen immerhin schon einige Testversuche.

Übrigens: Hast du nicht kürzlich mal etwas von diesem Mann aus Beaune geschrieben? Auch er beschäftigt sich mit solchen Vernetzungen, gegen die bisherigen Start-ups scheint er aber misstrauisch zu sein.

Zu dem Firmenkonsortium, das sich inzwischen gebildet hat, fehlt es an soliden Berichten. Omar Saadi spielt darin, nach allem, was ich höre, eine wichtige Rolle. Diese Informationen sind lückenhaft.

Omar Saadi hält sich offenbar aus der schweizerischen und französischen Politik völlig heraus. Er pflegt einen besonderen Stil, den er, wie mir einige angedeutet haben, lässig und mit understatement betreibt. Er scheint sich öfters auch im Elsass aufzuhalten. Ich habe herausgefunden, dass er seit Jahren kulturelle Vorhaben in Mulhouse finanziell unterstützt; es wird nur respektvoll über ihn gesprochen. Das sollte dich nicht blenden. Möglicherweise betreibt er auch andere Geschäfte, die eher unbemerkt laufen und mit der Fassade der Kulturförderung nichts zu tun haben – da kannst du noch schürfen!

Ich drück dir die Daumen, ich helf gern weiter. Sollte es in der Redaktion etwas Neues oder Beunruhigendes geben, hörst du sofort von mir! DAN

André ist durcheinander. Eines weiß er: Seine Illusion, er könne mit der Zeit Ruhe finden, ist zerborsten. Man hat ihn attackiert, man hat ihn gestellt – er wird das nicht hinter sich lassen können, solange er den Stier nicht bei den Hörnern packt. Er verspürt zwischendurch, als er Dans Recherchen studiert, die nervöse Anspannung eines Jägers, das Geschehen zu enthüllen. Es wäre eine tiefe Befriedigung.

Omar also. Das ist hart, jetzt liest er's schwarz auf weiß. Zwischendurch immer wieder sein aufsteigender Zorn, seine Wut, die geballte Faust. Und dann die jäh auf ihn einstürmenden Erinnerungsbilder aus der Anfangszeit seiner Ehe mit Isabel: Omar als Trauzeuge; das junge Paar etwas später beim ersten Besuch in Strasbourg, wo Omar damals lebte; die allmähliche Entfremdung, vor allem bei Isabel, als Omar Karriere machte; fast nur noch Telefonate in großen Abständen. Als Isabel mal alleine zu ihm hinreiste, kehrte sie erschöpft und frustriert einen Tag später zurück. Nie wieder sieht der mich, rief sie André zu, er ist übergeschnappt, sein Können steigt ihm zu Kopf!

Und jetzt? Offenbar hatte sich Omar lange schon seine eigene „Blase", sein eigenes Netzwerk gebildet. Ist er für ihn der Feind? Über kurz oder lang wird es eine Konfrontation geben. Doch was ist mit seinem Sohn? War dieser Maruan tatsächlich aktiv an den Attacken gegen ihn beteiligt? Das muss zuvor geklärt sein.

Auf geht's! André nimmt seine Manschette ab und verstaut sie sorgfältig im Hotelsafe. Dann aktiviert er sein älteres Smartphone und sendet an Florian Faltin eine tweet-ähnliche Nachricht: ‚Die Manschette habe ich bis auf Weiteres abgenommen, ich bitte um Verständnis. Während meiner aktuellen Recherchen könnte sie manipuliert oder wieder entwendet werden.' Und er macht einen zweiten Besuch in dem algerischen Haus in Aubewiller, fragt nach Maruan, erntet aber nur ein Kopfschütteln, keine näheren Hinweise. Sein Blick streift kurz ein paar junge Männer, sie scheinen in eine Art Warcraft-Kartenspiel vertieft zu sein. Immerhin: ein freundlicher Empfang.

Schließlich der neuerliche Besuch in der Markthalle, da könnte Maruan sich öfters aufhalten, oder redet er sich das nur ein? Leider besitzt er kein Foto. Wo ansetzen? An diesem Vormittag sieht er das erste Mal bewusst, dass am seitlichen Rand eines Verkaufsstandes für nordafrikanische Spezialitäten ein alter Mann sitzt, scheinbar in sich gekehrt, mit dunkler abgetragener Jacke, grauem Bart und einer seltsamen Brille mit dicken Gläsern. Die Augen wirken vergrößert, sein Blick ist eher stumpf. Offenbar eine Art Stammplatz.

Er nickt ihm grüßend zu, der Mann blickt auf, die großen Augen fast ohne Regung. André wendet sich an den Verkäufer: Wer ist er? Kann ich ihm vielleicht was spendieren? Der Verkäufer grinst und sagt: Das ist Pierre, er passt hier auf. Einen Pastis würde er nicht ablehnen. Und er weist nach nebenan, wo bereits zwei andere Kunden ein Gläschen vor sich haben. André holt zwei Pastis, geht die drei Schritte zu Pierre und macht eine einladende Handbewegung: *Pour un verre?* Da blitzen die großen Augen, und er nimmt ohne Zögern das Glas. Sie prosten sich zu.

Ich bin André, sagt er. Ich wohne nicht hier, aber ich suche meinen Neffen, er soll häufig in die Markthalle kommen. Er gibt ihm den Zettel mit Namen und Kurzbeschreibung, schiebt unauffällig einen Zwanzig-Euro-Schein hinterher. Pierre nickt, der Schein verschwindet. Heute? fragt er. André hebt fragend und suchend die Arme. Haben Sie ein Handy? Pierre durchsucht eine seiner Jackentaschen und nestelt tatsächlich ein Gerät heraus, es macht einen hochbetagten Eindruck. André notiert zusätzlich auf den Zettel die eigene Nummer, sagt dann leichthin: Immer erreichbar, falls ich nichts höre, komme ich einmal am Tag vorbei, in Ordnung? Pierre nickt wieder, stellt das leere Glas neben sich auf den Boden und versinkt in seine Grundstellung.

Der Anruf erreicht ihn zwei Tage später, gegen Mittag. Pierre nuschelt etwas von *„une demi-heure"*. Das muss reichen. Als André bei Pierre ankommt, zeigt der ihm einen abseits liegenden Verkaufsstand, und im hinteren Bereich stehen drei jüngere Männer. André kommt seitlich näher heran und ist sich rasch sicher, dass er einen mit dunklem Bart wiedererkennt: Ah, also wohl Maruan. Er wartet, das Herz klopft. Schließlich geht der, den er für den Richtigen hält, tiefer in den rückwärts gelegenen Raum und ist weg.

André prescht los, drückt eine der Seitentüren auf, stürmt in den hinteren Raum, ignoriert Protestschreie, stürzt sich auf den jungen Mann, drückt ihn mit Wucht gegen einige Vorratskisten, und als der sich wehrt, setzt er ihm sein Messer an den Hals. Alles in zehn Sekunden. Still, Maruan, kein Ton, sonst stech ich zu. Der verharrt reglos. Heißt dein Vater Omar Saadi? zischt André. Gepresstes *Oui.* Hat dir dein Vater etwas von einer Isabel erzählt? *Oui.* Kennst du die Tochter von Isabel? *Non.* Warst du in Berlin dabei? Keine Reaktion. Vor ein paar Wochen? Keine Reaktion. Ich wurde dort zusammengeschlagen, warst du dabei? *Oui.* Da tritt der Angreifer leicht zurück. Das reicht, hör mir gut zu: Ich werd mich revanchieren, einen Denkzettel gibt's sofort. Und er sticht mit dem Messer dreimal kräftig in Maruans linke Hand. Ein Aufschrei, ein Gepolter – da eilt André schon davon, ignoriert die hinter ihm lauter werdenden Rufe, taucht draußen im Nu unter bei den schlendernden Marktbesuchern. Seine Hände zittern, er lächelt grimmig.

Im Hotel rafft er sein Gepäck zusammen, holt die Manschette und checkt aus. Er nimmt den Zug nach Basel. Recherchiert dort und telefoniert, muss aber am Ende dieses Tages kleinbeigeben: Omar versteht sich offenbar bestens darauf, sich abzuschirmen. Er kommt an keine Adresse oder Telefonnummer heran.

Am nächsten Tag geht's nach Strasbourg, dort bleibt er zwei Tage, um sich und alle Infos zu sortieren, um die nächsten Schritte vorzubereiten. Das Gespräch mit seiner Redaktion verläuft wie gehabt: Zuerst wird bemängelt und kritisiert, dann, wenn er souverän darauf reagiert, läuft's rund. Aber er soll mehr liefern. Er schildert kurz seine spektakuläre Aktion, der Plan, unter Beteiligung einer Expertin, nehme Gestalt an. Die Kolleginnen und Kollegen runzeln erst die Stirn, dann überwiegt die Neugier. Allerdings wird er einen Zuschuss brauchen. Na ja, das muss ein anderer abnicken…

Dann fährt er weiter nach Mannheim, trifft sich in seiner Wohnung mit Franziska. Er spürt, dass sie zu ihm hält und ihn rasch auf andere Gedanken, auf andere Wünsche bringt. Und er? Sie bereiten gemeinsam ein Abendessen zu. Als er erzählt, fiebert sie mit.

Immer noch wie ein Getriebener kommst du mir vor, meint sie am Schluss und seufzt auf: Mir wird ganz schwindlig, war das nun eine Demonstration von Virilität oder musstest du einfach deine Wut ablassen? Eher das zweite. Aber hie und da betreibe ich ein hartes Geschäft, das weiß ich. Sie runzelt die Stirn. Glaub mir, Lea, ich würde lieber mit dir nach Lanzarote reisen oder auf den Peloponnes. Ach so, strahlt sie ihn an, dann machen wir das, sobald du kannst. Das Vulkanische wäre mir lieber… Sie verbringen noch einen zweiten Tag zusammen, ohne Turbulenzen, Rheinspaziergang, Konzert. Ausschlafen.

Telefonat mit Ulrike: Er hat den Eindruck, Navid, ihr künftiger Kindsvater stehe ihr wirklich zur Seite, sie ist voll froher Erwartung.

FLAGGE ZEIGEN

André sitzt zusammen mit der Konzipistin Corinna Haber in einer kleinen Brasserie in Mulhouse. Sie sind noch beim Eingangsplaudern, tauschen ihre Befindlichkeiten aus, haben zwei Portionen einer elsässischen Spezialität, einer *Pâté Vigneron Chaud*, vor sich stehen, bei ihm flankiert von einem Glas Rotwein, bei ihr von einem Tonic Wasser. Zum Glück bleiben die Geräusche von den Nachbartischen erträglich, der nahtlose Mix von Essen und Erzählen funktioniert.

Sie haben rasch zugesagt, ich bin froh, sagt André und nimmt einen Schluck. Corinna lächelt: reiner Zufall. Als Sie mich kontaktiert haben, gab's bei mir eine Auftragslücke. Ich war ohnedies schon länger im Südwesten zu Gange, Sie erinnern sich an meine Wandertafeln? Er nickt: Das hat sich mir eingeprägt. Er nimmt eine Gabel *Pâté* und ergänzt: Ich weiß, das Ganze klingt verrückt, aber es reizt mich sehr, ich will's einfach mal ausprobieren.

Er rückt etwas näher. Das eigentliche Online-Angebot muss ja erst bekannt gemacht werden. Und es soll auch so was wie Öffentlichkeit entstehen. Deshalb geht's bewusst nicht über die sogenannten sozialen Medien, ich will den Kreis der Teilnehmer und Teilnehmerinnen regional einschränken. Also – es wäre toll, Sie könnten konkret eine Art Blickfang gestalten. Ich denke an Hunderte von originellen Plakaten und Aushängen, eine Einladung, sie soll in Mulhouse Aufsehen erregen.

Sie speisen und reden und stecken die Köpfe zusammen. Und erst zwei Stunden später wird von Corinna Haber noch die finanzielle Seite angesprochen. Er zieht aus seiner Brusttasche einen vorbereiteten Vertrag und schiebt ihn hinüber. Sie überfliegt ihn und schaut ihn verblüfft an: Ist das Ihr Ernst? So viel ist das Ihnen wert? Er nickt und lächelt: Es wird für Gesprächsstoff sorgen, es wird einige Leute aus der Deckung locken, und das brauche ich.

Unterwegs zum Hotel lassen sich beide noch zu einem kleinen Nachttrunk verführen, die Bar ist belebt, sie stehen am Tresen und wissen nicht so recht weiter. Was ich schon ein paar Mal fragen wollte, André mit der nötigen Lautstärke, Sie haben so einen leichten, sehr angenehmen Akzent – wo kommt das her? Sie lächelt: Gutes Ohr, das ist nicht einfach österreichisch, meine Familie stammt ursprünglich aus Czernowitz, früher habsburgisch, dann rumänisch, heute ukrainisch. Eine bunte Mischung, eine ethnische Vielfalt war das, viele jüdische Bewohner, bis 1941. Und sie beginnt davon zu erzählen. André lauscht fasziniert.

Als sie aufhört, ist Mitternacht vorbei, und André hat auch ein wenig von sich erzählt, und er sagt ihr ins linke Ohr, er schäme sich, denn er wisse über Czernowitz und diese ganze Geschichte genau genommen nichts, das sei doch furchtbar. Da streichelt sie seinen Kopf, gibt ihm einen kleinen Kuss auf die Stirn, und er errötet, umarmt sie leicht, riecht ihren Heuduft als sie aufbrechen, und schließlich kommen sie müde und irgendwie sehr froh aneinander in ihre Zimmer und fallen in den Schlaf.

Die nächsten Tage sind ausgefüllt mit Vorbereitungen. André muss sich mit dem Kulturamt absprechen (sie lassen ihn trotz Bedenken gewähren) und die Details mit dem Online-Service und mit Corinna festlegen. Sie warten ab, bis das Wetter nach langen nasskalten Tagen erstmals etwas Sonne und Trockenheit verspricht. Dann werden an einem Mittwoch zusammen mit vielen Helferinnen und Helfern in zehn Stadtbezirken Plakate ausgehängt. Da heißt es zum Beispiel: „Was Ist EUCH wichtig?", dann der Hinweis auf das Online-Portal. Oder: „Welche Bilder spiegeln das wider, was IHR am liebsten macht?"… Oder: „Demokratie bedeutet Offenheit. Zeigt offen EURE Interessen"… Oder: „Ist Freiheit für EUCH wichtig? Wie könnt ihr sie bildlich darstellen?"…

Sonnabend dann der ‚Tag der Wahrheit'. 16 Stunden lang haben alle, die mitmachen wollen, Gelegenheit, auf dem bereitgestellten Online-Portal ihre Präferenzen bildlich und in Farbe darzustellen. Einzelne ‚Plätze', die bereits eingenommen wurden, können von Nachfolgenden überlagert oder räumlich verschoben werden. Erst am Schluss wird es ein Gesamtbild geben, was erwartet sie da – völliges Durcheinander oder einzelne Schwerpunkte? André fühlt sich erschöpft, entschuldigt sich bei Corinna und legt sich ein paar Stunden auf's Ohr. Sie nickt nur und geht auch auf ihr Zimmer.

Dann aber: Pünktlich um 22 Uhr kommt ein Zeichen vom Online-Portal. Das Wimmelbild ist fertig! Auf dem kleinen Handy sieht man außer hunderten Farbflecken gar nichts. Doch wer einen größeren Bildschirm besitzt, hat die Erleuchtung. Und in einer benachbarten Bar wird das Online-Gesamtbild rund um die Uhr vom großen TV ausgestrahlt. Da stehen sie nun alle, mit offenem Mund und starren auf „ihr" Kunstwerk. Wahnsinn, murmelt Corinna, da wird mir ganz schwummerig. André nickt, er notiert sich einige große Symbole und dominierende Flächen.

Am übernächsten Tag kann er mit Genugtuung festhalten: Die Aktion wird ein Hit. Inzwischen sind an mehreren Plätzen und Höfen der zehn Stadtbezirke große Leinwände aufgebaut worden. Das erste Frühlingswetter hilft mit. Die ganze Präsentation fühlt sich für ihn an, als finde soeben ein spannendes Open Air Festival statt. Am oberen Rand steht auf einem Stück Pappkarton *„Notre Communauté"*. Und siehe da, alle Leinwände werden frequentiert, überall bilden sich Trauben von Neugierigen, hie und da bricht Streit aus.

Das Ergebnis hat André und Corinna überrascht, wohl auch viele in Mulhouse. Tausende haben sich beteiligt, neben üblichen Bildern von persönlichen Moden und Stilen, Logos von Marken und Videospielen, Filmplakaten, Sozialikonen, Industriemarketing, Sportlooks und Fanclubs dominieren allerdings politische Bekenntnisse: bildliche Ausdrücke von Ethnien, Nationalflaggen, Parteilogos, Symbole von Klimaaktivisten und, eher bestürzend, Kampf- und Waffensymbole. Zwischendurch stupst Corinna André an: Da gibt's sogar ein paar Memes. Und als sie seinen fragenden Blick sieht, erläutert sie: absurde Bilder, mit Witz und mit Anspielungen, manchmal zynisch, oft nur verständlich unter Kennern.

In den politischen Bildern spiegelt sich, das ist den beiden sofort klar, die überall spürbare Spaltung zwischen Zuwanderern und Einheimischen wider. Sie erklären sich das so: Es müssen sich *‚Communities'* gebildet haben, die wussten, dass kollektive

Eingaben zu großformatigeren Darstellungen führen. Scharen von Anhängern finden zusammen, wollen ihren Starkbildern Nachdruck verleihen, wollen jubeln oder ihren Streit austragen mit denen, die nicht dazugehören.

Am Dienstag 15 Uhr das Gespräch auf dem Kulturamt. André weiß, das wird heute entscheidend. Er wird begleitet von Corinna, von einem Vertreter des Online-Portals – und von Boualem, dem Jungen, der sie zum algerischen Haus geführt hatte. Mme. Vouler begrüßt alle vier, runzelt aber bei Boualem die Stirn: Warum ist er hier? André erklärt und meint locker, er wolle dem Jungen bei der Gelegenheit mal das schöne alte Rathaus zeigen. – Dann soll er doch lieber draußen auf Sie warten. Sie redet auf den Jungen ein, winkt dem wartenden Sekretär und bittet ihn, dem Jungen ein Glas Wasser und einige Kekse zu bringen. Boualem fühlt sich offenbar glänzend behandelt.

Nun kommt Mme. Vouler's Chef, der Leiter des Kulturamts dazu. Er wird als Monsieur Junot vorgestellt und ergreift sofort das Wort: Ihre Aktion hat Aufsehen erregt und hat ein Ergebnis erbracht (André wundert sich über die Reihenfolge). Wir möchten von Ihnen hören, wie sie das Ergebnis interpretieren. Darauf sind sie vorbereitet, Corinna rutscht auf ihrem Stuhl nach vorne und breitet einen größeren Ausdruck des Wimmelbildes auf dem Tisch aus. Es wäre günstig, bevor ich beginne, wenn Monsieur Charles noch zur Logik des Online-Portals das Nötige erklärt.

Der Chef lächelt gnädig, und dann trägt der Experte vor, wie sich technisch aus den Zehntausenden von Pixeln Bilder, Muster und einheitliche Flächen ergeben, wie während der gesamten Öffnungszeit ständig Verschiebungen und Neuaufnahmen stattfinden. Aber auch der individuell gewählte Zeitpunkt der Eingabe spielt eine Rolle, es gibt zum Beispiel eine ‚*ingroup*-Begünstigung' und einen ‚*recency effect*' und… Da ist nun das Interesse an Belehrung bei den Kulturleuten deutlich erschöpft, Corinna ist dran.

In ihrem angenehmen österreichischen Tonfall – der übrigens Mme. Vouler keinerlei Mühe macht, ihrem Chef schon eher, sie übersetzt mehrmals – trägt sie vor, welche Ergebnisse aus ihrer Sicht am wichtigsten sind: Die großformatigen Bildwelten fallen ja sofort ins Auge. Es sind nationale Symbole, vor allem Flaggen, vorneweg für Frankreich, dann ähnlich auffällig für die Schweiz, für Deutschland, aber auch für Algerien und Marokko. Ihre Stimme hüllt ein, André ist erleichtert, dass sie so professionell und entspannt ihre Sache vertritt. Nebenbei wird er sich immer wieder seines persönlichen Motivs für die Aktion bewusst; was würde für ihn dabei herauskommen?

Sie spricht zehn Minuten. Was noch extra erwähnt werden sollte, sind die militanten Symbole. Sie weist auf die entsprechenden Darstellungen und fügt an: Das ist für mich überraschend, das lässt auf eine Wut, auf Konflikte oder auch auf ein verdecktes Gewaltpotenzial schließen – da ich die konkreten sozialen Verhältnisse nicht kenne, werden Sie das bestimmt genauer interpretieren können. Plötzlich liegt eine Spannung über dem Tisch, alle wissen, hier wird ein Finger in die Wunde gelegt. Was nun?

André erinnert daran, dass sie eine spezielle Auswahl der Bezirke verwendet haben: Sie liegen alle wie ein Kranz um die Innenstadt, *‚transition zone'* nannte man das früher. Typisch dafür: eine heterogene, ärmere Bevölkerung, inzwischen durchaus auch mit attraktiven Wohnlagen und einer guten Mischung von Geschäften und Einrichtungen. Sie wirken gleichzeitig als Brücken oder Übergänge zu den weiter entfernten Stadtteilen. Ich denke, diese Auswahl spielt für das Ergebnis eine Rolle. Er zögert, will aber nicht deutlicher werden.

Als die drei sich erheben, nochmals bedankt von *Mme. Vouler,* gibt der Amtsleiter André ein Zeichen, er möge noch dableiben. Corinna und der Online-Experte verlassen den Raum. Ich habe gestern, beginnt Monsieur Junot, einen Anruf erhalten, und zwar von einem wichtigen Förderer unserer Kulturarbeit in Mulhouse. Er pflegt bis hinauf zu unserem *Lord Maire* oder zum *Département* beste Beziehungen, verstehen Sie, ich kann seine Einlassungen nicht ignorieren. Er hat Ihr Vorhaben, genau genommen: das Ergebnis Ihres Vorhabens, scharf kritisiert. – Warum? André hakt sofort nach. – Durch die Botschaft dieser Leinwand würden alle Kulturförderungen konterkariert; eine jahrelange Arbeit werde abgewertet, geschwächt.

André schüttelt den Kopf: Die Leinwand zeigt uns eine Momentaufnahme, mit ihr wird abgebildet, was den Leuten in Mulhouse wichtig ist. Wir können ein wenig verstehen, was hinter den Vorgängen vorgeht. Und das, verstehen Sie doch Monsieur, das signalisiert eine soziale Realität. Und diese Realität ist konflikthaft.

Da blickt Monsieur sorgenvoll. André wartet einen Moment: Ich sehe durchaus Chancen, Monsieur Junot. Hierher zu kommen, zum Beispiel mit algerischer Vorgeschichte, eröffnet auch kulturelle Vielfalt, gerade im Elsass. Eine Zweisprachigkeit könnte doch anerkannt werden, in den Schulen, Betrieben, Amtsstuben, mit Mischformen aus Französisch und Arabisch. Man braucht vielleicht die Herkunftssprache, um wirklich im Elsass anzukommen. Wird das gefördert? Der Amtsleiter hält sich bedeckt. Das wirkt jetzt auf André nicht nur besorgt, sondern fast herablassend, er merkt, dass er ungeduldig wird. Monsieur, ich erlaube mir einen Rat: Strategisches politisches Handeln könnte meiner Meinung nach eine gute Antwort sein, und zwar über Kulturpolitik hinaus.

Der Amtsleiter hüstelt jetzt: Es ist Ihr gutes Recht, die Sache so zu sehen. Doch ich muss Sie, nach Rücksprache mit dem *Lord Maire,* auffordern, über dieses ganze Projekt keinen Bericht in Ihrer Zeitung zu veröffentlichen. Ah, das ist also des Pudels Kern. André legt eine Schweigeminute ein, sie sitzen sich gegenüber wie ratlos. Hören Sie, Monsieur Junot, Sie bringen mich da in Schwierigkeiten, meine Zeitung hat einen beachtlichen Betrag zu diesem Experiment beigesteuert, natürlich erwartet sie jetzt, dass sie auch darüber berichten kann. Der Amtsleiter nickt leicht, weiß aber nicht weiter.

Da setzt André nach: Ich denke, ich weiß, wer Ihr Kulturförderer ist; er lebt in Basel. Ein Blick in Junots regloses Gesicht sagt alles. Wollen Sie sich von ihm abhängig machen? – Was soll das heißen? Monsieur Junot wird lauter und zieht empört die Augenbrauen hoch. – Ich war neulich in Ihrem Stadtteil Aubewiller, und zwar in einem der besonderen algerischen Häuser. Monsieur Junot zieht erneut die Augenbrauen hoch. Als dort bei unserer Unterhaltung der Name Omar fiel, gab es eine erschrockene Reaktion, man wollte *partout* nichts dazu sagen. Dieser Omar muss dort aber bekannt sein, er hat mit den Leuten in Aubewiller zu tun. Wissen Sie davon?

Das anschließende Schweigen des Amtsleiters dauert länger als eine Minute, seine Geste wirkt gequält. Sie bringen mich in Schwierigkeiten, Monsieur Ornschou, das ganze Vorhaben nimmt einen unkontrollierbaren Verlauf, das kann ich nicht mittragen – ich hoffe, Sie verstehen das. Er atmet schwer: Ich bitte! Veranlassen Sie, dass Ihre Verlegerin der Zeitung mit dem Lord Maire direkten Kontakt aufnimmt, ich gebe Ihnen die Telefonnummer. Dann hebt er, als müsse er verzweifeln, beide Arme. Und André verabschiedet sich.

Vor der Tür sitzt Boualem. André stutzt, dann weiß er, versprochen ist versprochen. Komm her, jetzt endlich zeige ich dir das *Hotel de Ville,* nur eine kurze Strecke, zu einem großen Platz und einem tollen Gebäude aus rotem Sandstein. Sie stiefeln los, der Bub zeigt Stolz und Neugier, fragt eine ganze Menge. André erzählt, übergeht dabei , dass auch sein Wissen lückenhaft ist. Er merkt, dass der Junge die französischen Wörter nicht nur gut lesen kann, sondern auch versteht. Das freut ihn, er weiß, Analphabeten haben hier schlechte Karten. So wird der Rundgang zur Abwechslung für beide, und der Journalist gewinnt Abstand zum vorigen Gespräch. Corinna aber hat nicht gewartet.

Wenig später erhält André einen Anruf. Einer, der ihn frohlocken lässt. Er ist erregt, weiß nicht so recht, wie er das anpacken soll.

Du hast mich also aus der Deckung gelockt, sagt die Stimme, zwar etwas rau geworden, aber sofort erkennbar. Ich werde nicht zulassen, dass du mein Engagement in Mulhouse missbrauchst für deine privaten Rachefeldzüge, verstehst du mich? Das hier ist mein Terrain, verschwinde! – Bist du das, Omar? Bist du‘s tatsächlich? André bemüht sich um einen ruhigen Ton. Ich werde nicht verschwinden, sag mir erstmal, warum du deinen eigenen Sohn auf mich gehetzt hast in Berlin, warum? Schweigen. – Was ist?! – Du bist schuld am Tod meiner Schwester, das weißt du recht genau. Bis heute hast du keine Verantwortung dafür übernommen. Das ist Grund genug. Ich wollte dich meinen Schmerz spüren zu lassen.

Verantwortung kann man lernen, Omar. Ich mache das in letzter Zeit an manchen Stellen, jetzt also soll es um Isabel gehen. Ich muss dazu viel mehr wissen als bisher. – Das sehe ich nicht so, du weißt alles Wichtige. – Was anderes: Ich hab gehört, du lebst in Basel. Warum nennst du Mulhouse dein Terrain? – Meine Geschäfte sind nicht auf den Wohnsitz beschränkt. – Ich hab auch gehört, du seist an der Entwicklung eines neuen digitalen Geräts beteiligt. Um was geht es da? – Woher hast du deine Information? Mein Job tut im Verhältnis zwischen mir und dir nichts zur Sache. – Vielleicht doch. Wie kann ich dich erreichen, wenn es nötig wird? Es macht klick, und die Leitung ist tot, Rufnummer unterdrückt.

Am Abend – dem letzten in Mulhouse – gabelt er am Rande der Innenstadt Corinna auf. Sie wird wie er nochmals übernachten und hat sich zum Essen eine Brasserie gesucht. André erzählt vom Gespräch mit dem Amtsleiter. Corinna schüttelt den Kopf: Sie trauen sich manchmal schon, im öffentlichen Raum was Ungewöhnliches zuzulassen. Ich hab zum Beispiel von einem Straßenkünstler einige Beispiele gesehen; er hat normale Verkehrsschilder so verfremdet, durch originelle farbige Aufkleber, dass man lachen muss. Bei unserem Thema wird's ihnen aber offenbar mulmig zumute, sie wissen genau: darunter schmoren heftige Konflikte. André sieht das genauso. Sie verhocken noch eine ganze Zeit, André spürt plötzlich ein heftiges Begehren – doch Corinna macht ihm, sehr behutsam, klar, dass sie innerlich schon abgereist ist. Schwierige Nachrichten von zuhause, murmelt sie, Näheres bleibt aus.

Und was macht nun die Liebe? Schläft sie oder verlangt sie? Bei einem Pulk von Passanten fällt André eine junge Frau auf. Immer wieder schaut sie nach ihm mit blitzenden Augen, mit unruhigen, lebhaften Körperbewegungen, nestelt sie an ihrem wollenen Rock, streicht sie sich über die buschigen dunklen Haare – bis der Mann sie wirklich wahrnimmt und lächelt; bestimmt ist sie eine der Stromerinnen, die leben vor allem auf der Straße. Als André sich wegbewegt, folgt sie ihm andeutungsweise – und da nimmt er spontan ihren linken Arm, und gemeinsam suchen sie ihren eigenen Weg. Er führt, nach ein paar hin- und hergeworfenen Verständigungen, zu seinem Hotel. Der Abend wird ein Überraschungsabend, die rasche Liebe ist da.

André fällt in ein Loch, auf seinem Bett, wieder allein, spürt er seine Mattigkeit und den Wein. Doch dann umfängt ihn gnädig ein traumloser Schlaf.

SCHEITERN, FRISCHE KRÄFTE

Kaum ist er am nächsten Tag in Straßburg angekommen, hat er sich eingerichtet und einige Lebensmittel besorgt, greift er nach seiner Manschette und liest den frisch übersandten Text:

PAULSKIRCHE, FABRIKEN UND FRAUENKRÄFTE

Jetzt drängle ich mich vor. Es ist genug die Rede von Ereignissen gewesen, bei denen immer nur die Herren der Schöpfung maßgebend waren. Zumindest schien es so, von außen betrachtet. Doch nun trat etwas zutage, was seither nur schlummerte: die Stimme und der Wille von Frauen. Ich selbst arbeitete als Journalistin, bin jedoch ausgebildete Ingenieurin, sehr ungewöhnlich! Ich nehme mir die Freiheit, die folgenden Geschehnisse durch meine eigene Brille zu beschreiben. Es ist an der Zeit.
Bekanntlich hatten wir Weiber im Südwesten schon bei den ganzen Umtrieben mitgemischt. Wir sind 1832 beim Hambacher Fest dabei gewesen. Damals wurden Blätter verteilt, die uns endlich angesprochen haben: **„Deutsche Frauen und Jungfrauen, deren politische Mißachtung in der europäischen Ordnung ein Fehler und Flecken ist, schmücket und belebet die Versammlung durch eure Gegenwart!"** *Das taten wir, weiß Gott. Wir sind von da ab bei vielen Männer-Versammlungen aufgetaucht und haben uns in eigenen Kreisen – später hießen sie ‚Frauenvereine' – abgesprochen.*
Zu meinen Aufgaben gehörte es, alle möglichen ‚Zeitungen', Bücher und Versammlungen auszuwerten; wir Frauen sollten klug und kundig auftreten, nicht wie biedere Hausfrauen. Als ich in einem ‚Staats-Lexikon' über Württemberg las, die Idee der Freiheit

sei dem Land wieder abhandengekommen und die parlamentarische Kammer sei eine „Uhr ohne Federkraft", da hielt ich nachdenklich inne. Ich überlegte lange, ob wir Frauen daran etwas ändern könnten. Wochenlang traf ich mich mit Gleichgesinnten, und wir riefen dazu auf, politische Forderungen zu stellen. Aber die Mächtigen hatten gelernt, mit ihren ‚Zeitungen' und Kundgebungen die Meinungen der Menschen zu beeinflussen, ihre Sprache, ihre Urteile. In diesem Klima ausgerechnet mit unseren Forderungen erfolgreich zu sein, war praktisch unmöglich.
Da kam uns ein Ereignis zur Hilfe: Frankreichs Revolution im Februar 1848. Plötzlich gab es im Südwesten politische Beschlüsse, für die das Bürgertum jahrzehntelang vergeblich gekämpft hatte. Ich tat mich zusammen mit Amalie Struve und Emma Herwegh, doch deren Männern gelang es nicht, den badischen Umsturzversuch zum Erfolg zu führen. Sie flohen ins Ausland, und ich stand mit leeren Händen da.
Was dann 1848/49 in der Nationalversammlung in Frankfurt ablief, konnte ich nur von der Tribüne aus beobachten; wir Weiber hatten wieder einmal kein Rede- und Stimmrecht. Den Text der neuen Reichsverfassung erhielt ich zwar sofort, und ich erkannte, es sollte tatsächlich ein demokratischer Staat entstehen. Auch erfuhr ich heimlich, die Regierungen der Badener und der Württemberger seien tatsächlich bereit, dem neuen Staatswesen (mit einem preußischen Kaiser!) zuzustimmen.
Doch alles ging schief. Preußen und Österreich lehnten die Verfassung ab, das Parlament wurde entmachtet. Prompt setzte in Baden eine heftige Revolte ein, aufopferungsvoll, mit breiter Unterstützung suchten sie einen Weg, doch noch das Errungene zu retten. Mein Herz schlug für die Aufständischen, ich gründete einen großen Frauenverein, kümmerte mich bis zur Erschöpfung um Nahrung und Unterkünfte und vertrieb Flugschriften. Ein paar Mal wurde ich verhaftet. Aber die Tölpel ließen mich wieder frei, weil sie sich das einfach nicht vorstellen konnten: ein Weib aus gut beleumundetem Haus als Kämpferin für die Revolution!
Mit der Eroberung von Rastatt durch die Bundestruppen wurde alles beendet. Ich verströmte den Rest meiner Hinwendung, meines Traums, meiner Kraft in wochenlange Besuche von Inhaftierten in badischen Gefängnissen. Ich stieg in die verdreckten,

stinkigen, kalten Verliese, drückte den Zerlumpten Brot und Äpfel in die blutigen Hände, flößte ihnen Tee ein und schaffte keuchend mit Schaufel und Eimer den gröbsten Unrat weg. Nie ist das vergessen!
Ich beklage heute noch, dass die gut gemeinten Beschlüsse in der Paulskirche von den ‚restaurativen' Mächten abgewiesen wurden. In Deutschland kann nichts wirklich Umstürzendes geschehen.
In unseren Arbeitsräumen wurde in diesen Tagen eine Schrift herumgereicht, die mich aufgerüttelt hat. Offenbar von einer Frau verfasst, aus Frankreich, die unsere Länder gut zu kennen scheint: Madame de Staël. Neben vielen Schilderungen, die ich euch ersparen will, gab's einige spöttische Sätze, die könnten wir uns hinter die Ohren schreiben: „Das in jeder Hinsicht gemäßigte Süddeutschland verbleibt in einem Zustand eintönigen Wohlbefindens, der handelnder wie denkender Tätigkeit außerordentlich schadet. Der lebhafteste Wunsch der Bewohner dieser ruhigen, fruchtbaren Gegend besteht darin, so fortzuleben, wie sie leben." Das sollte sich ändern!
Ich vernahm immer wieder revolutionäre Stimmen, die das bisherige Bürgertum attackierten. Doch eines habe ich mit der Zeit begriffen: Jede revolutionäre Tat zieht doppelt so viele Rückschläge nach sich! So ist es, und so habe ich's erlebt. Der Südwesten hatte weder die Kraft noch die Macht und wohl auch nicht den Weitblick, seine Vorstellungen durchzusetzen, gar über die eigene Region hinaus. Die übermächtigen Preußen packten jetzt zu, und da gab's kein Pardon!
Jammern half nichts, ich wandte mich anderen Veränderungen zu, sie versprachen mehr Wirkungen auf Dauer als das unselige politische Hin und Her. Als Ingenieurin für Textilmaschinen konnte ich das Neue Schritt für Schritt verfolgen: Fabriken für Textilien, für Elektrogeräte, für erste Chemieprodukte, für Uhren und Messgeräte.
Vielen Menschen wurde erzählt, das bringe uns alle voran und unser Leben werde reicher. Doch stattdessen, das muss ich so deutlich sagen, entstanden neuartige Fronarbeiten, die Lohnarbeiter hatten nichts zu bestellen, sie hausten in erbärmlichen Fabriksiedlungen. Später hat man das als ‚Industrialisierung' bezeichnet, der Südwesten schuf auf diese Weise den Boden für

künftigen Wohlstand – allerdings: die damaligen Lebensumstände blieben noch lange für die meisten ohne Sicherheit, ohne Würde! Eines Tages lud mich ein erfolgreicher Geschäftsmann nach Heidelberg ein, er tat geheimnisvoll. Wir trafen uns auf einem neuen Damm mit Überdachung, dort wartete bereits eine kleine Menschenmenge. Alle blickten sie Richtung Mannheim und schwenkten die Hüte. Warum nur? Ihr müsst euch meinen Schreck vorstellen, als plötzlich ein fauchendes, dampfendes, lärmendes Höllengeschoss, schwarz und mit Feuer, auf eisernen Schienen auf uns zurollte! Entsetzte Schreie, die Leute wichen zurück, manche nahmen Reißaus. Doch die meisten waren viel zu neugierig, sie harrten aus, bestimmt – wie ich – mit Todesfurcht. Was da herankeuchte, war unsere erste badische Eisenbahn, und am heutigen Tag sollte der Beginn einer Schienenverlängerung Richtung Karlsruhe gefeiert werden. Mein Begleiter lächelte mir zu: „Als Ingenieurin – also, das ist doch was!" Er hatte recht, das war was, und ich ahnte schon, ich würde mich diesem Fortschritt an die Fersen zu heften.
Nur etwas später gab's eine zweite Sensation: Eine Frau, Bertha Benz, legte in einem knatternden, stinkenden Wagen eine lange Wegstrecke zurück, in kurzer Zeit und ohne Unfall! Dazu hieß es, so werde man in Zukunft von Ort zu Ort reisen, und die Pferdewagen und -kutschen hätten ausgedient. Doch warum spürte ich so wenig Begeisterung?
Ich hatte auf die vielen empörten Menschen geachtet. Sie würden nicht von heute auf morgen imstande sein, das Neue, die Technik, den Fortschritt gutzuheißen. Ich schnappte Sätze auf wie ‚das zerstört unsere Heimat', ‚andere verdienen dran!'. Ich merkte, wie schwer es fiel, das Neue als wünschenswerte Öffnung, als Bereicherung zu sehen. Eher neigten die Leute anderen Versprechungen zu: die Revolutionsimpulse ins eigene Leben tragen oder die durch Technik entzauberte Welt wieder zurückgewinnen. Vor allem die Idylle von Landschaften wurde gelobt – für mich unpassend, missverstanden!
Es war eine scheinbar zufällige Begegnung, als ich schon am folgenden Tag in einem Wirtshaus in Rohrbach einen Mann entdeckte, der an seinem Tisch mit zwei Herren in ein heftiges Streitgespräch verwickelt war. Ich gebe es zu: Ich spitzte meine Ohren, und so nach und nach schälte sich heraus, worüber die drei sich

in die Haare kriegten. Es ging tatsächlich um die Eisenbahn, um ihren weiteren Ausbau.

Der Mann mit seinem markanten Kinn bemühte sich immer wieder, Punkte aufzuzählen, die doch das, was er hinbekommen wollte, sonnenklar erscheinen ließen – dachte er. Doch die beiden Herren, wohl in Behörden tätig, wiegten entweder zweifelnd ihr Haupt oder blickten ihn nur stumm an, als wollten sie das vorgereckte Kinn ins Leere stürmen lassen. Kurz: Nach mehr als einer Stunde brachen sie ab, und der jetzt Vereinsamte bestellte noch einen Spätburgunder.

Da wagte ich's, hob dezent mein Glas, das Gleiches enthielt, und prostete ihm zu. Er war überrascht, doch bevor daraus etwas Abweisendes werden konnte, erhob ich mich und schlenderte hinüber. Er brummte, und ich forsch: „Ich bring Euch auf andere Gedanken, mit Griesgram kommt man nicht weiter, was haltet Ihr von dem Wein?" Er machte eine fahrige Bewegung mit seinem rechten Arm und schluckte schwer. Ich muss mir immer wieder klar machen, dass ich mit meinem eigenmächtigen Verhalten gegen Tabus verstoße. Abbringen ließ ich mich allerdings nicht. Er stellte sich mir vor als Friedrich List – und da ging mir schlagartig ein Licht auf. Nie hätte ich gedacht, dass ich dieses Kennenlernen nimmer vergessen würde – so grandios war es und so traurig! Wir ‚versumpften' noch ein bisschen am Wirtstisch, ich bildete mir ein, er hätt's genossen. Wenige Wochen später traf ich ihn wieder.

Friedrich List, der Mann aus Reutlingen, ein weithin rühriger, manchmal gelobter, noch häufiger misstrauisch beobachteter Experte für Staatsverwaltung, für Eisenbahnen, für Nationalökonomie war Hauptredner in Augsburg. Und was gab's zu feiern: ein Jubiläum der Allgemeinen Zeitung. List hatte jahrelang an ihr mitgearbeitet und wohnte inzwischen in der Fuggerstadt.

Ich wusste, er war wie Uhland württembergischer Abgeordneter gewesen, aber wegen seiner liberalen Auffassungen strafrechtlich verfolgt worden. Deshalb verbrachte er viele Jahre in den USA und in Frankreich.

Als Kommentator habe er stets Aufmerksamkeit gefunden, hörte ich hie und da, er sei originell und als Fachmann anerkannt. Auf mich wirkte er bei seinem Vortrag allerdings eher müde, er sprach

langsam und wirkte unbeholfen. An manchen Stellen brach dennoch ein Feuer in ihm aus und seine Worte klangen wie gemeißelt. Da konnte ich erahnen, was ihm wirklich am Herzen lag. Als man um mich herum zu tuscheln anfing und erste Zwischenrufe einsetzten, brach er kurz darauf ab. Immerhin: Beim Zurückkehren zu seinem Platz ergriff er noch ein Sektglas, hob es hoch und rief: „Auf die liberale Presse und auf einen europäischen Bund!" Da brandete doch noch kräftiger Beifall auf. Das freute mich. – Dann aber, nur wenige Wochen später, hörte ich die Schreckensnachricht: Er war nach Tirol gereist und hatte sich dort mit einer Reisepistole erschossen. Es hieß, er sei schwermütig gewesen, stellt Euch mein Entsetzen vor!
Die markanten neuen Entwicklungen brachten für viele Menschen enorme Umstellungen und Mühsal mit sich. Überall Maschinen, Technik, Städte mit schlechten Wohnungen, Lärm und Schmutz. Und als stolze Zeugen hie und da Bahnhöfe oder Funktürme. Erst nach und nach entstanden Schutzmaßnahmen: Die Sozialdemokratie wurde gegründet, die Sozialversicherung eingeführt, beides für die Arbeiterschaft unverzichtbar. Ich war froh darüber, sonst hätte die Industrialisierung dauerhaft katastrophale Folgen hervorgerufen, schlimme Bedingungen wurden nicht nur aus England, sondern später auch vom Ruhrgebiet, von Sachsen, von unserem Südwesten berichtet. Die Zeiten gewannen Stabilität, blieben aber unruhig.
Und wir Frauen? Es gab Teilerfolge, aber weiterhin kein Wahlrecht und keine Leitungsaufgaben, ein Trauerspiel! Mir ging's vergleichsweise gut, ich konnte über lange Jahre moderne Textilmaschinen einführen. Da im Kaiserreich jedoch die Männer weiter alles Wesentliche für sich reklamierten, wollte ich trotz meines höheren Alters aktiv bleiben. Also scharte ich erneut Weiber um mich, die wie am Anfang aufbegehrten und klare Forderungen stellten – mein Trost, meine Hoffnung.
Um über künftige Fortschritte etwas zu ahnen, mache ich jetzt einen großen Sprung: Bei meinen Tag- und Nachtträumen tauchten mehr und mehr Bilder in mir auf, schleierartige und luftige Bilder. Ich sah Frauen an neuartigen Geräten arbeiten, sah sie mit neuen Moden glänzen oder in sportlichen Wagen fahren. Das Schmallippige an ihnen schien wie weggeblasen, ich sah sie

sich amüsieren und auf Leinwänden bewegte Szenen betrachten, hörte sie neuartige Lieder singen. Die Mädchen trugen Haarschnitte wie die Buben und traten auf den Straßen und Plätzen mit gertenschlanken Figuren auf. Immer wieder diese Träume, wie im Rausch – bis ich begriff, dass ich dabei war, in meine ganz persönlichen Visionen einzutauchen. Allerdings boten mir später meine Träume auch chaotische Bilder, von herrischen Umzügen, von brutalen Zerstörungen, von Verfolgungen. In Todesfurcht schreckte ich mehrmals auf. Und ich fragte mich, die ich ja ohnedies schon ganze Generationen überlebt hatte: Sollte alles umsonst gewesen sein?

Ihm gehen diese Schilderungen noch nach, er freut sich über diese muntere Frauenfigur, hadert aber vor allem mit dem Schicksal von Friedrich List und wundert sich über die kühnen Visionen am Schluss. Wie würde sie denn die Gegenwart erleben? Bestimmt wüsste sie genau, dass die Menschen im deutschen Südwesten ihr Leben nach festen Gewohnheiten führen. Und so wäre es für diese Frau naheliegend, dass sich heute alle zusammen gegen ein Verlust- und Schwindelgefühl stemmen, das sie in ihrem aufgestörten Leben erfasst hat. André erinnert sich gut an die Veranstaltung in Colmar: dasselbe Thema. Doch was könnte daraus entstehen? Alles bezweifeln? Alles Fremde abwehren? Gutes Fremdes einbeziehen? Sich an der eigenen Identität festkrallen – nur, wie um alles in der Welt soll das gehen? Zumal, wenn man gar nicht sicher weiß, was genau die eigene Identität ausmacht…

Da erhält er einen Anruf: Patrick ist tot. Traurig, fast tonlos, teilt Uta das Ereignis mit. André schweigt, bis Uta nachfragt. Ja, sagt er, ich bin noch da. Was du mir sagst, kann ich einfach nicht glauben, was ist passiert? – Du wusstest ja von seiner Krankheit, es war die Bauchspeicheldrüse. André stöhnt auf. – Ja schlimm, er erhielt noch Bestrahlungen, doch heilbar war dieser Tumor nicht. Ich war noch mehrmals bei ihm, er hat das Ganze gefasst ertragen, unglaublich tapfer. Weißt du, André, mir kam's so vor, als habe er innerlich irgendwann gespürt, dass sein Ende auf diese Weise geschehen würde, wozu sich länger sträuben? Er war ein lieber Mensch.

André ist erschüttert. Der Patrick – ja, ein guter, inniger Freund auch für mich. Bei der letzten Begegnung, das war in Mulhouse, war er mir noch eine echte Hilfe. Mit seinem Wissen und seinem Blick sah er immer mehr als ich selber. Ich vermiss ihn… Sag, gibt's eine Trauerfeier? – Ich weiß nicht, eine Halbschwester aus Thüringen und ein Neffe haben sich wohl darum gekümmert, aber was Öffentliches wird's nicht geben. Ich werde mir aber den Ort der Grabstätte besorgen, vielleicht ist's nur eine kleine Plakette am Baumstamm, das teil ich dir mit. Es drängt ihn, rasch nach Berlin zu reisen…

Und nur zwei Stunden später steht er am Fenster und schaut ins Leere. Er sieht nicht den Hof, die Dächer, den Schornstein wie sonst. Dass das wirklich so geschehen konnte und so gut geschehen konnte – unglaublich. Als Navid vorhin anrief, war's für ihn zuerst irreal, dann jedoch fühlte er sich wie elektrisiert, er schluckte und stammelte: Ist das wahr, ist das wirklich wahr? Navid blieb ganz ruhig: Ein Mädchen, glaub mir, ein Mädchen, und beide sind wohlauf. Ulrike grüßt! Sie wird schon morgen wieder zuhause sein, für uns beginnt neues Leben.

Sie sprachen noch ein paar Minuten, André machte klar, dass er in wenigen Tagen nach Berlin kommen werde. Doch jetzt, nach dem Telefonat, löst sich erst seine Verblüffung, seine Anspannung. Er ist Großvater, *grand-père*, er hat eine Enkelin. Und wie wird sie beschaffen sein, diese ungewöhnliche Melange, Ulrikes Mutter mit Wurzeln in Algerien und in Hessen, er mit Wurzeln in der Pfalz und noch einer Dosis vom Elsass, Navid mit Wurzeln in der Türkei…?

Kaum in Berlin, diesmal im Hotelzimmer, fährt er mit Herzklopfen zu Ulrike und ihrem Winzling, Dora soll das Mädchen heißen, eine weise Wahl, denn diesen Vornamen gibt es auch auf Türkisch. Als André das Kind auf seinen Armen hält, fühlt er sich unbeholfen, vor allem aber glücklich. Einige diffuse Zukunftsbilder gehen ihm dabei durch den Sinn: Was wird Dora vor sich haben? Ulrike erzählt ausführlich, und auch er erzählt. Ein paarmal spukt die Idee durch den Raum, bald ein ausgelassenes Geburtsfest zu feiern, das finden sie beide prima.

Am frühen Abend gelingt André der Zugang zu Patricks Antiquariat, es sieht noch völlig unberührt aus. Ihm kommt's vor, als könne darin ein Wesen der jenseitigen Welt wohnen, wie es vielleicht ehedem so lange und verschroben hier gelebt hat. Alles liegt in einer verschatteten Hülle, ohne klare Konturen. Hallo, Patrick, flüstert er, ich bin da, André, ich möchte dich besuchen. Und da ist's ihm, als erklinge in den leichten Staubsprenkeln des einfallenden spärlichen Sonnenstrahls Patricks Stimme. Die Stimme hört sich an, als freue sie sich.

Hej, mein guter Freund. Du bist also gekommen. Du willst nochmals hören, wie's mir am Schluss ergangen ist – ach nee, du willst dich vor allem nochmals umsehen in meinen Schätzen und Staubbündeln, ich kenn dich. Du willst noch was mitnehmen. Jetzt droht die Stimme zu verklingen, André wartet reglos. Da, wieder kleine Sätze: Recht hast du, such dir was aus, etwas Verlockendes. Nur eine Bedingung: Wenn du's später ansiehst, erinnere dich. empfinde den Wunsch, dich an mich zu erinnern.

Nein, nein, flüstert André, wegen deinen Schätzen bin ich nicht gekommen. Ich möchte nochmals deine Nähe spüren. Kannst du mir weiter verbunden bleiben? Die schwache Stimme möchte offenbar antworten, doch der Freund versteht nichts. Er fährt fort: Du weißt doch von meiner Suche, von meiner Not, kannst du mir weiterhelfen? Und da scheint die Stimme wieder klarer zu werden: Versöhn dich mit Isabel – unterstütz deine Tochter – sei mit Uta befreundet – die dunkle Seite im Leben…pass auf…Manschette… André versteht nicht mehr, er spitzt noch mehr die Ohren. Patricks Lachen: Und such dir noch was aus, nochmals Lachen, dann bricht die Stimme.

André verlässt benommen den schattigen Raum. Uta, die weise Frau, hat erst morgen Zeit, sein Abend endet mit einem Kinobesuch. Antonio Banderas spielt in ‚Leid und Herrlichkeit' von Almodóvar, allein schon der Titel fügt sich nahtlos in seine momentane Gefühlswelt. Er lässt sich führen – und ablenken.

Tags darauf ein Gespräch mit Florian Faltin, auf dessen Wunsch. Die Art, wie er dabei herumdruckst, ist für ihn ungewöhnlich, André wartet gespannt. Es gehe ihm gegen den Strich, dass die Ich-Figur am 20. Jahrhundert scheitern solle. Die bisher beauftragten zwei Personen – Sie wissen von ihnen –, eine Historikerin, ein Historiker, mit besonderem Stil, hätten drei Entwürfe abgebrochen. Er schaut André ratlos an, fährt dann fort:

Wie war das denn bisher? Durch die geheimnisvolle, vielfältige Ich-Person tat sich für uns eine höchst reichhaltige Welt auf, eine bittere, verflossene Welt – und ist es nicht so: Viele Heutige tragen die Vorgeschichte in sich. Wir können in sie eintauchen, wir können dabei ein wechselndes Zeitgefühl wahrnehmen. Dadurch wird uns bewusst, dass es zu unseren aktuellen Fragen tiefere Schichten gibt.

Vielleicht sogar, fährt F.F. fort, stellten wir uns vor, dass in all den Gangarten des Südwestens eine Art Verheißung wirksam gewesen sei. Sie zu entschlüsseln, Spuren davon zu entdecken, das fanden wir spannend. Es bilden sich, hofften wir, neue Einsichten heraus, wie wir unser künftiges Leben bestimmen können, UND ZWAR SELBST. André wartet neugierig.

Aber jetzt, meint F. F. trocken: Wie und als was soll denn der historische Ich-Erzähler oder die Ich-Erzählerin im 20. Jahrhundert auftreten? Zu diesem Jahrhundert, dessen erste Hälfte vor allem aus Katastrophen bestand? Niemand ist in kurzen Strichen imstande, dies darzustellen. Monströs! Die zweite Hälfte scheint einfacher, aber sie strotzt natürlich von den ‚Nachwehen', es konnte ja keinen Anfang Null geben. Seit Hannah Arendt wissen wir: Totalitarismus wirkt sich jahrzehntelang auf die Nachkommen aus. Woran könnte sich eine Ich-Erzählerin orientieren? Und: Wir sind ja selbst für einige Jahrzehnte Zeitzeugen dieser Epoche, was folgt daraus?

Er hebt unschlüssig beide Hände und stößt die Luft aus. Also, was machen wir? Derzeit gibt's dazu im Manschetten-Projekt keine klare Spur, nichts. Allerdings bin ich im Gespräch mit der Akademie der Künste, das wäre eine Art Notlösung.

Nein, sagt André, jetzt greift er ein. Keine Akademie. Wie bei den früheren Texten wird es allerdings nicht gehen, meine ich. Es müsste ein verblüffender Einfall sein, ein Gedankensplitter, ein sorgfältig ausgewählter Strang, mit wenig Beteiligten, mit packender Aussage.

F. F. wiegt sein Haupt, nickt dann. Einverstanden, verbleiben wir doch bitte so: Ich bemühe mich um einen solchen Vorschlag aus unserem Braintrust und informiere Sie dann, und Sie lassen sich auch was einfallen (fragender Blick). – Meinetwegen, ich spreche mit Franziska, meiner Lebensgefährtin, sie ist Germanistin, ich denke, sie weiß einige Autorinnen und Autoren, die sowas beherrschen.

STAND DER DINGE

André wieder in Mannheim. Unerwartet ein Anruf seiner Redaktion, ob er schon die brandneue (leichtes Kichern) Nachricht aus Mulhouse gehört habe. Als er verneint, wird er kurz informiert. Er schreckt auf und will alles möglichst genau wissen, langsam formt sich bei ihm ein Bild: In einem Wohngebäude im ‚algerischen Viertel' hat es gestern gebrannt, offenbar ein kleines Missgeschick in einer Küche, doch so widrig, dass der angrenzende größere Salon, in dem ein Kaminfeuer angefacht war, ebenfalls Feuer fing und fast vollständig ausbrannte. Die Feuerwehr kam zu spät, konnte zum Glück aber verhindern, dass weitere Gebäude erfasst wurden. Eine ältere Frau, hieß es, kam in den Flammen um, einige wurden bei Löschversuchen verletzt.

Als alles vorbei war und das Ausmaß der Verwüstungen ermittelt wurde, entdeckten Polizeibeamte in einem abseits gelegenen Nebenraum des ehemaligen Salons eine Ansammlung von kleinkalibrigen Schusswaffen, Schlagstöcken, Munition und Sprengstoff. Der Raum besaß eine Metalltür. Nicht auszudenken, wurde der Presse später erläutert, was mit diesem Arsenal hätte angerichtet werden können. Ohne den Brand wüsste man davon nichts. Nur, man tappt bisher im Dunkeln, wer dahintersteckt. Die Untersuchungen laufen.

André ruft Mme. Vouler vom Kulturamt an, sie teilt ihm die Adresse des Hauses mit, wo es gebrannt hat, völlig arglos. Im Anschluss telefoniert er lange mit seinem Kollegen Dan und führt drei weitere Anrufe. Er weiß jetzt genug.

Dan sitzt zwei Tage später in einem Hotelzimmer in Mulhouse und überlegt, wie er vorgehen soll. Im Grunde ist ihm nicht wohl bei dieser Aktion, doch Andrés Argumente leuchten ihm ein: Er könne sich bei den ehemals verantwortlichen Leuten des algerischen Hauses, *Rue Jean Cormiz,* nicht sehen lassen, sie würden ihm wegen ihrer Verbindung zu Omar misstrauisch begegnen, sie wären daher auch nicht gesprächsbereit.

Also gut, er geht zur *Mairie* und fragt nach der zuständigen Stelle, trifft dort einen bärtigen, legeren Mann, wohl auch algerischer Abstammung. Sein Hinweis auf das große öffentliche Interesse, sein Presseausweis, schließlich die Info, dass bereits früher ein Besuch seines Kollegen in dem abgebrannten Haus stattfand, stößt auf offene Ohren. Der Mann lächelt schmal und erklärt, wo die Evakuierten inzwischen untergebracht worden seien: in keiner städtischen Unterkunft, sondern im Gästehaus eines altansässigen Betriebs, der habe seine Hilfe angeboten. Allerdings: Die völlig erschöpften Menschen brauchten Ruhe, sie würden ärztlich betreut, Besuche seien nicht gestattet.

Als Dan aus Neugier trotzdem zu diesem Gästehaus eilt, stößt er auf ein Gewühl aufgebrachter, teils aggressiver, teils besorgter Menschen. Sie haben das Gebäude umstellt, einige Polizisten mittendrin und offensichtlich überfordert. Wilde Rufe ertönen, Fragen werden nach vorne geschleudert, einige haben Stöcke dabei, Frauen kreischen und halten Kinder hoch. Dans suchender Blick entdeckt seitlich einen Jungen, der sich geschickt aus dem Gedränge heraushält und doch mitbekommt, was stattfindet. Das muss Boualem sein, wie André ihn beschrieben hat.

Vorsichtig nähert er sich ihm an, strahlt und fragt: Du bist sicher Boualem? Ich bin ein Kollege von André. Auch wenn sein Französisch etwas dünn ausfällt, so versteht der Junge doch sofort, er lächelt. Und Dan erklärt ihm, warum er da ist, was er herausfinden möchte. Vor allem müsse er wissen, ob der ‚Chef' auch in diesem Gästehaus untergebracht worden sei. Boualem wird ernst, als der Name ‚Chef' fällt. Er winkt Dan zur Seite und flüstert ihm zu: Ich glaube, der ‚Chef' ist nicht hier. Man sieht ihn nicht. Die Leute wollen, dass er mit ihnen redet. Aber nichts geschieht. – Warum sind die Leute so aufgebracht? – Weil sie bisher im Haus immer Hilfe bekommen haben, jetzt wissen sie nicht, wie's weitergehen soll. Dan begreift: Das Haus war eine Art soziales Zentrum für die Nachbarschaft. Sie gehen noch ein paar Schritte, er kauft Boualem zwei Stücke Gebäck und einen Saft und verabredet mit ihm, wie sie in Kontakt bleiben können.

Im Hotel trifft abends André ein. Er dankt Dan und berichtet, er habe inzwischen, vermittelt über Straßburg, ein kurzes Gespräch mit Le Maire, dem Bürgermeister, führen können. Was er hörte, sei ihm verdeckt vorgekommen. Er habe sich abgewiesen gefühlt, in elegante Worte gekleidet. Zu dem Waffendepot, habe der gemeint, gebe es bisher keinerlei Ergebnisse. Nichts könne im Moment an die Presse gegeben werden. Die Verletzten seien bestens versorgt. Und die arme Frau, die ihr Leben verloren habe, werde morgen bestattet. Das ganze Geschehen, so Le Maire ziemlich theatralisch, werde jetzt auf einer höheren Ebene weiterbearbeitet. Die Stadt sei nur Ort des Geschehens, aber nicht Ort des Handelns – eine sybillinische Formulierung.

Wie zu erwarten war, klärt sich am selben Abend, ob und wie sie beide weiter recherchieren sollten – nämlich gar nicht. Straßburg zieht die Reißleine, ob auf Druck, wird nicht publik. André will aber nicht nachgeben und beantragt drei Urlaubstage; Dan wird zurückfahren.

Am nächsten Morgen, bei niedrigen Temperaturen, betritt André die Mulhouser Markthalle. Er will nach dem Alten mit der großen Brille schauen, der ihn damals so gut über Maruan ibn Omar informiert hatte. Der Platz ist leer. Er blickt suchend zu dem Verkäufer hinüber. Er weiß noch, dass er täglich den ‚Aufpasser' mit dem einen oder anderen Getränk versorgt. Der Verkäufer sieht ihn, legt einen Finger auf die Lippen, winkt ihn zu sich in einen kleinen Hinterraum.

Wo ist der Alte? fragt André, ich brauche ihn. Er ist tot, Monsieur, seit letzter Woche. – Tot? Wieso, war er schwer krank? André ist schockiert. Der Verkäufer schüttelt den Kopf. Eines Morgens wurde sein Leichnam hinter der Halle aufgefunden, in einem schmutzigen Winkel. Sie riefen die Polizei. Die sagte einen Tag später, er habe den Herztod erlitten, er habe sich selbst dorthin geschleppt. Ich sage Ihnen, Monsieur, das stimmt nicht, so im Dreck hätte er niemals seine letzten Atemzüge getan. Und warum war seine Brille zertreten? Also? – André fühlt sich betroffen und ohnmächtig. Der Tote hat für kurze Zeit seinen Weg gekreuzt, offensichtlich soll vertuscht werden.

Manchmal lösen kleine Zufälle einen ganzen Schwarm von Ereignissen aus. Dieser Zufall begann für André zunächst in Gestalt des Elsässers Martin G. Der konnte ihm am Telefon berichten, die Präfektur des Départements Haut-Rhin werde an einem hochrangigen Treffen im Raum Basel mitwirken, und nannte dazu auch einen Termin. Der Ort sei ihm allerdings nicht bekannt… Kurz darauf meldete sich überraschend Florian Faltin und meinte lakonisch: Fragen Sie mich bitte nicht, woher ich das weiß, doch wenn Sie schon im Süden weilen: Erkundigen Sie sich mal beim Hotel ‚Hirschen' in Artheim, ob es aktuell einen besonderen Termin mit hochrangigen Gästen gibt. Übrigens: Ich werde auch dazustoßen.

André ahnt, jetzt beginnt ein Endspiel. Die Akteure, welche das Geschehen des letzten Jahres im Hintergrund bestimmt haben, werden erstmals aufeinandertreffen. Dann gibt es das reinigende Gewitter – oder eine knallharte Abrechnung, das bleibt ungewiss. Überhaupt bleibt es ungewiss, ob das Endspiel in einen Ausgang, also ein tatsächliches Ende mündet oder nicht. André hofft, dass der überraschende Brand im algerischen Haus die Drahtzieher aufgescheucht hat – der ‚Chef' steht jetzt im Blickfeld, und der weiß eine Menge.

Der Treffpunkt liegt am südlichen Rand von Basel. Als André zu dem genannten Tag dort aufkreuzt, gibt's bloß ein Schulterzucken. Ich bitte Sie, hakt er nach, es soll in Ihrem Hause doch ein ganz besonderes Meeting stattfinden, ich bin informiert. Schon, schon, räumt die Frau an der Rezeption ein, dann schweigt sie. Erst als er Florian Faltin als Teilnehmer nennt, ruft sie die gespeicherte Liste auf und nickt dann gnädig, mit zauberhaftem Lächeln. Also: Willkommen, mein Herr. Werden Sie woanders übernachten? Wissen Sie, für uns ist das heute absolut geschlossene Gesellschaft, legt sie nach, mit einem kleinen Zwinkern. Aufpasser vor dem Saal. Nur zwei vom Service, streng überprüft. André nickt, fühlt sich jedoch abserviert.

Er bezieht einen Warteplatz in der Nähe der Auffahrt, will seine Ungeduld zügeln. Keine Ahnung, was seine Rolle in diesem Theaterstück sein wird, aber er bleibt. Seine Manschette liegt wohlverwahrt in Mulhouse.

Am frühen Nachmittag fährt ein Taxi vor, dem entsteigen Florian Faltin und eine jüngere Frau im dunklen Kostüm. André tritt hinzu. Frau Berghuber, wird ihm erklärt, sei eine wichtige Sprecherin des Dreiecklands. Um was wird es hier gehen, fragt André, wer kommt? F. F. geht mit einem Achselzucken darüber hinweg und nuschelt,

Omar Saadi werde da sein. Sonst sagt er gar nichts, außer: Wir warten ab.

Kurz darauf entsteigen eine Frau und ein Mann in mittlerem Alter einem unscheinbaren kleinen Fahrzeug. Beide sind schick gekleidet, niemand käme auf den Gedanken, sie seien in einem algerischen Viertel zuhause, das auf traditionelle Gebräuche Wert legt. Die Frau im grüngrauen Samtkleid hält einen leichten Mantel über dem linken Arm. Der Mann, immer einen kleinen Schritt hinter ihr, trägt eine getönte Brille, einen anthrazitfarbenen Anzug, dazu ein helles Strickhemd, einen kräftigen dunklen Bart. Wer in ihre Gesichter blickt, ist allerdings überrascht, sie wirken ernst, ja bedrückt. Die Frau erbittet sich einen Service fürs Gepäck. Ihre Suite betritt sie, als sei sie das gewohnt, erst als sie den Vorhang behutsam zurückstreift und im Bad neugierig die Fläschchen studiert, lässt sich erahnen, dass ihr Alltag anders verläuft.

Der Mann, als ‚Chef' zugelassen zum Meeting, begibt sich, als es Zeit ist, in den Tagungsraum. Die Frau, in ihrer Unruhe, versucht im Garten etwas Gelassenheit zu finden, das gepflegte Grün empfindet sie als wohltuend. Sie sieht das kleine Schild *‚Ermitage'*, sieht einige Weiher, kleine Felsen, herrliche Bäume und Blumen.

André weiß, dass er mindestens eine Stunde warten muss. Ihm ist zumute, als könne es ein spannendes Resümee für ihn geben. An diesem Ort? Er kann den letzten Stand abrufen. F. F. hatte ihm kürzlich gut zugeredet: Sie haben doch seit Beginn des Projekts manches Neue angefangen, Sie haben vor allem die Sorge hinter sich gelassen, festzustecken und nicht mehr weiterzukommen. Allerdings: Man kann neue Lebensstile wechseln wie Reiseziele – oder aber sich bemühen, eine Festigkeit zu erlangen, die einen erfüllt. Auch dafür sehe ich Anzeichen.

Über diese Bemerkungen hätte er eigentlich richtig froh sein können. Und so ist es auch: Er fühlt sich nicht mehr gefangen, die Gespenster sind schon länger nicht mehr zurückgekehrt, er erlebt eine Aufbruchstimmung. Es liegt natürlich an ihm selbst, was er für Schlüsse daraus zieht.

Ich merke, ich giere geradezu danach, an diesem Ort hier das Gebaren Omars zu durchschauen, seine Geschäfte – mit seinen Arbeiten im Konzern (der hier in der Nähe liegen muss), mit den Verästelungen zur Mulhouser Kulturpolitik, zum algerischen

Untergrund und womöglich zu Clankreisen in Berlin oder anderswo. Sein widersprüchliches, herrisches Verhältnis damals zu Isabel wird dadurch klarer werden, das erhoffe ich. Und dann? Meinen Beruf, meine journalistische Tätigkeit sollte ich neu ausrichten, vielleicht das Angebot des Wochen-Magazins annehmen. Das Korrespondenten-Dasein befriedigt mich nicht mehr.

Und mein Privatleben? In sich gekehrt stapft er weiter. Franziska. Etwas fehlt. Ich fühle mich nicht getragen von unserer Beziehung, ich vermisse das Zuhause – und hab's doch so gewollt. Ich halte das Alleinsein häufig nicht mehr aus. Doch sobald wir zusammen sind, kommt in mir ein Gefühl auf, wir würden einander verpassen. Was besagt das? Sollen wir unsere Übereinkunft auf den Prüfstand stellen? Und weiß ich überhaupt genug darüber, wie sie das alles empfindet? – Uta. Bedeutet sie mir mehr? Könnte sie für mich zur ‚Wächterin meiner Einsamkeit' werden? Ja, bei Zimtauge wäre ich sicher, dass sie zu mir hält, auch wenn ich Mist baue oder richtig erkranke; auf sie ist Verlass. Kommt das vielleicht daher, weil sie auch für Patrick steht, den Sonderling, den Freund, den ich nicht vergessen werde? – Oder bin ich doch eher der Einzelgänger? Allerdings mit der Angst im Nacken, fad zu sein, verengt zu werden auf meine individuelle Eigenart, meinen Trott, immer wieder trostlos… Er geht langsamen Schritts, die Blicke meist gesenkt.

DA SIEHT ER DIE FRAU.

Als sie später bereits im Gespräch vertieft waren, schüttelte André immer noch innerlich den Kopf. Reiner Zufall? Er war langsam zu ihr hingegangen. Sie wussten beide, dass sie zum Gefolge dieser Geheimkonferenz gehörten, andere Gäste gab es nicht. Im selben Moment kam noch ein kleiner Bub mit seinem Laufrad vorbeigewitscht, und auf der Wiese nebenan schlich eine orangebraune Katze durchs Gras.

Die Frau hatte gestutzt, als sie auf ihn aufmerksam wurde, streifte ihre Haare aus der Stirn. Er hatte gegrüßt und sich vorgestellt, seinen Beruf genannt. Er nehme an der Konferenz teil, weil es Streit gebe, Streit bei einem Projekt einer Berliner Ideenschmiede, das betreffe vor allem das Dreiländereck. Sie musterte ihn sehr genau, sehr verwundert. Dann nannte sie auch ihren Namen, er verstand Amina Daud oder Daoud.

RISSE, VERFEHLUNGEN

Nun gehen sie, als sei's verabredet, nebeneinander her, weiter durch den parkähnlichen Garten. Herantastendes Reden. Sie macht einen traurigen Eindruck und spricht leise von schlechtem Schlaf. Dann erzählt sie von Algerien. Erst vor einiger Zeit seien sie von Constantine nach Mulhouse umgezogen. Die Gründe? So viele zusammengewürfelte Menschen! Das Land habe sich nicht gefunden, immer wieder gebe es Kämpfe und Unterdrückungen, Constantine sei immer unruhig gewesen, es liege in der Nähe des Meeres, da kommen immer auch Fremde an.

Sie zögert und atmet schwer aus. Bei einer Gewaltszene auf offener Straße, erzählt sie leise, ist unsere kleine Tochter lebensgefährlich verletzt worden. Uns war sofort klar, dass wir wegmussten. Sonia wurde notdürftig behandelt, dann lotsten uns Freunde nach Mulhouse. Dort halfen die Ärzte, das ging einige Wochen lang. Dann aber wollten sie dem Kind für die verletzte Gesichtshälfte eine Schutzkappe aus Gummi verpassen, das war schrecklich. Eine echte Heilung, sagten sie, könne nur durch Operationen gelingen. Und als ich nachfragte, wurden mir einige Kliniken genannt, auch im Ausland.

Unwillkürlich greift André nach ihrem Arm: Waren Sie auch in Berlin? Sie tritt einen Schritt zurück, irritiert. Berlin? Warum Berlin? Was haben Sie? – Nichts weiter, *pardon madame,* murmelt er, ein Déjà-vu. – Nein, wir waren letzte Woche in einer Klinik in Basel, Sonia wird dort mehrere Transplantationen von lebendem Gewebe bekommen.

Da nickt er langsam. Es ist ihm, als erlebe er soeben etwas Irreales – nein, etwas Schicksalhaftes. Kann es eine Art magische Verdopplung des Geschehens geben? Anfangs selbst erlebt, zehn Monate später mit ähnlichen Bildern neu erzählt, neu gespiegelt?

Sie gehen weiter, Mme. Daoud schlingt ihren Mantel enger um sich. Ich hoffe sehr, sagt André, Ihrer Tochter kann gut geholfen werden. Und wie ist das Leben in Mulhouse? fragt André. – Mein Mann hat in einem algerischen Haus eine leitende Funktion übernommen, für viele im Viertel ist das wichtig. Sonst in der Stadt, vor allem im dröhnenden französischen Zentrum, würden wir uns nur unwohl fühlen. – Ich glaube, ich kenne das algerische Haus, *Rue Jean Cormiz?* – Ja, jetzt ist sie verblüfft. – Ich habe einmal einen Besuch dort gemacht. Ihr Mann wird also hier aussagen? – Ja, vor allem wegen des Brandes. Das hat uns alle aufgeschreckt. André blickt sie fragend an.

Sie studiert sein Gesicht und flüstert: Ich vertraue Ihnen. Dann entschlossen: Das Treiben in diesem Haus ist in letzter Zeit aus dem Ruder gelaufen. Die Militanten haben argumentiert, wozu solle man Konflikte austragen oder Unrecht immer nur anprangern, man könne doch alles mit ein paar Schüssen klären – das könne man eben nicht, hat mein Mann geschrien. Sie haben ihn beiseitegeschoben, alles ist für einen Anschlag vorbereitet worden. Dann das Feuer…!

Sie nehmen jetzt bereits die zweite Runde im Park unter die Füße, von den halbhohen Felsbrocken halten sie gebührend Abstand. Die Blumenrabatten beachten sie nicht. Darf ich Sie noch etwas fragen? greift André ihr Gespräch wieder auf: Hat das algerische Haus Kontakte zu Omar Saadi? – Sie bleibt stehen, überrascht, unschlüssig. Wie kommen Sie darauf? fragt sie zurück. – Ich kenne ihn, er war mein Schwager, der Halbbruder meiner Frau. (leise) Sie lebt nicht mehr. Da legt sie ihre Hand behutsam auf seine Schulter: Das tut mir leid, wie schlimm. Er spürt ihre Berührung, warm und wie vertraut. Mit einem Mal kommen sie sich nahe. Es ist ihm, als sollte die Szene sich einschreiben in sein Inneres.

Und…? Er bleibt dran. – Ja, nickt sie, Omar Saadi unterstützt seit Jahren einige algerische Gruppen mit jungen Männern, er will sie von einer besseren Schul- und Berufsausbildung überzeugen. Doch leider klappt das nicht so richtig – besser gesagt: Er führt möglicherweise noch anderes im Schild – darüber weiß ich aber nichts Konkretes… Jetzt, merkt er, will sie nichts weiter verlauten lassen.

Vom Hotel aus sehen sie plötzlich eine Person heftig winken, und als sie gegenseitig aufeinander zeigen, gibt es bei André ein kräftiges Nicken und Rufen. Auf Omar Saadi sollten Sie achtgeben, gibt sie ihm mit auf den Weg. – Oh ja, es freut mich, dass Sie so offen zu mir waren. Ich kenne sicher nicht alle seine Geschäfte. – Er lässt sich nicht einbinden. Unsere Erfahrung. – Und jetzt mein Auftritt, murmelt er. Was für eine Begegnung! Mit einer freundschaftlichen leichten Verneigung lässt er sie im Garten zurück.

André sitzt nun wartend auf einem kleinen Stuhl im Vorraum des Sitzungsraums, zwei Zerberusse stehen reglos davor. Er ist immer noch gebannt von seinem Erlebnis. Und er weiß plötzlich, woran es ihn erinnert: an eines der Gespräche mit Uta. Zu später Stunde hatte sie ihm einmal geraten, seine Aufmerksamkeit in existenziell wichtigen Situationen darauf zu richten, eine Art ‚Spalt' zu erkennen. Der könne sich öffnen, um uns ein tieferes, dahinter liegendes Wissen bewusst zu machen. So empfindet er es.

Einen ‚Spalt' gibt es auch ganz prosaisch. In kurzen Abständen wird durch das geschäftige Servicepersonal die Tür auf- und zugezogen, so dass jeweils einige Sätze oder Gesprächsfetzen nach außen dringen können. André macht sich einen Sport daraus, jedes Mal herauszuhören, wer da gerade spricht. Sieben Personen, nur eine Frau.

Zwei Serviererinnen bringen frischen Kaffee mit Gebäck. Tür auf. In einer etwas heiseren aber befehlsgewohnten Modulation: „… auf diese Skepsis verzichten. Begreifen Sie doch, die Digitalisierung, vor allem die Künstliche Intelligenz, KI, wird eine strahlende Zukunft haben, der Mensch wird kleiner. Die Evolution…". Eine andere Stimme dazwischen, heftig: „Und die Kultur?". „Wird auch sein, keine Bange, ein Amalgam aus Tradition und Fortschritt. Sie können…". Das muss Omar Saadi sein.

Gleich darauf eine zweite Stimme dazu: „…von Kanton Basel-Landschaft unterstützt, die Firma besitzt großes Renommee, international vernetzt…". Türe zu.

Beim nächsten Mithören, Obst wird gebracht, spricht Mme. Berghuber vom ‚Dreieck'. Sie zählt auf – natürlich lückenhaft –, was über ihren Schreibtisch wandert und offenbar mehr Stolpersteine enthält, als alle Beteiligten es sich wünschen.

Der Servierwagen bleibt an der Tür hängen, der ‚Spalt' weitet sich. André vernimmt eine eher zornige Männerstimme mit Akzent. „…er weiß doch, wie's die Leute schwer haben, damals in Algerien, jetzt in Mulhouse, sie können nicht einfach froh werden, problemlos, geräuschlos…". (Pause) „…Einflüsse der Clans… Dann: „Monsieur Le Préfet, wie kann ein Wiederaufbau gelingen? Können Sie Hilfen…". Das kann nur der ‚Chef' sein. Türe zu.

Beim nächsten ‚Spalt', Servierwagen kommt zurück, bleibt wieder hängen, dieselbe Stimme: „…Digitalisierung im Alltag, ja? Und wenn's brennt, digital gelenkte Löscharbeiten, ja? (Gebrumme im Hintergrund). Gibt's nicht überall Risse, Löcher, Fehler? Und was ist mit den Waffen? Schafft KI die Waffen ab? (Protest). Entwurzelte Zuwanderer, kleine Schurken auf wackligen Beinen, sie brauchen Hilfe" (wieder Gebrumme). Ein anderer dazwischen: „…erst bei der Polizei aussagen, das algerische Haus…". Die Tür schnappt zu.

Weitere fünf Minuten, dann winkt ein junger Bärtiger André herein. Er wird von oben bis unten gefilzt, neben Florian Faltin ist sein Platz, Monsieur Le Préfet begrüßt ihn. Was liegt auf den Gesichtern? Viel Fassade gibt's, doch er meint auch Sorge zu entdecken. Sein Blick streift Omar nur kurz.

Jetzt, als das Gespräch fortgesetzt wird, realisiert André, dass das Lückenhafte durch die Tür tatsächlich so praktiziert wird. Diese Männer, vielleicht mit Ausnahme des leitenden Präfekts, reden in knappen Sätzen, mit vielen Pausen dazwischen, verbunden mit langen Blicken. Sie messen sich. Die Frau mag sich mit der Nebenrolle begnügen, Franziska wäre empört. F. F. schubst ihn: Wir sind dran. Sie wissen beide, es gibt bisher nur einen in der Runde, der überhaupt das Manschetten-Projekt kennt.

André ist angespannt, hofft aber, er wirke ruhig auf die Anwesenden. F. F. schildert in groben Zügen das Projekt, dann wechselt er in einen empörten Tonfall: Worüber ich jetzt sprechen muss, ist ein Skandal. Die von der Schweizer Firma bereitgestellten Manschetten sind ohne Wissen unserer Projektleitung falsch programmiert worden. Jede Trägerin, jeder Träger der Manschette kann jederzeit ausgespäht werden, ein dreistes *‚tracking'* ist das, widerrechtlich! Das muss von den Schweizer Behörden untersucht werden. Doch um formale Sanktionen geht es mir heute nicht.

Jetzt wendet er sich direkt Omar Saadi zu: Wir werden zurückschlagen. Wenn Sie morgen noch denken, Sie stünden über den Dingen, so wird Ihr Schlingern schon längst begonnen haben. Wenn Sie weitere KI-Produkte verbreiten wollen, werden die Gegenmaßnahmen bereits wirksam sein. Der Mensch wird kleiner, tönten Sie vorher, Monsieur Saadi. Ich werde alles daransetzen, dass Sie kleiner werden, Ihre Fassade wird zerbröckeln.

Omar springt auf und zischt: Unverschämtheit! Sie drohen mir?! Ein älterer Mann neben ihm, offenbar der Staatsrat des Kantons, flüstert ihm heftig etwas zu, er nimmt wieder Platz.

Mehrere am Tisch zeigen ihre Empörung, vor allem der ‚Chef'. Er reckt seinen rechten Arm hoch und spreizt die Finger: Schauen Sie auf meine Hand. Sie ermöglicht ganz besondere Fähigkeiten für uns Menschen. Wenn ich etwas in der Hand habe (André versteht die französische Redensart *‚tenir sous sa coupe'*, also ‚unterm Daumen…'), bedeutet das, ich erreiche es, ich begreife es. Ich kann zwar nicht alles im Griff haben, aber was gelingt, das zählt. Was anderes kann ich mir nicht vorstellen. Omar scheint sich noch sicher zu fühlen, sein Blick bleibt starr.

Florian Faltin weiter: Monsieur Hornschuh ist ein Jahr lang getäuscht und ausgespäht worden, er wurde in Berlin sogar angegriffen und verletzt, ein unglaublicher Vorgang! Und das durch eine Firma, die sich technologischen Fortschritt und Seriosität auf die Fahnen schreibt. Sie begreifen offenbar nicht, dass Künstliche Intelligenz ein Werkzeug bleiben muss. Monsieur Daoud hat recht: Die Menschen müssen die Kontrolle behalten. So ist es. Das Schweigen ringsum wirkt drückend.

André ringt lange mit sich, wie er vorgehen sollte. Er weiß, es ist ungehörig, in einer solchen Runde private Fehden anzusprechen. Klar ist aber auch, dass es so eine Chance für ihn nur einmal geben wird. Also, er strafft sich – und dreht sich im selben Moment schräg nach hinten, es ist ihm, als beginne er dort die Anwesenheit von Madame Daoud, der Frau des ‚Chefs', zu spüren, ihre Wärme, wie sie ihm aufmunternd zunickt, ihn stützt. Unversehens fühlt er sich gestärkt. Er erbittet das Wort und wendet sich direkt an Omar:

Jetzt sehe ich dich vor mir, Omar, nach langer Suche. Du bist jahrelang allen Nachforschungen ausgewichen. Nun höre ich, du hast von Anfang an meine Manschette manipulieren lassen. Du hast geschwindelt. Du hast über Monate hinweg mich, deinen ehemaligen Schwager, an der langen Leine laufen lassen, immer informiert darüber, wo ich mich aufhalte, was ich gerade mache und notiere – die perfekte Transparenz. Du konntest mich sogar aus dem Verkehr ziehen, in einem Fall hast du das selbst angeordnet, ich lag zwei Wochen im Krankenhaus. Und wozu das Ganze?

Bei Omar wird wieder geflüstert. Der Basler Staatsrat bemerkt leichthin, es handle sich wohl um eine private Auseinandersetzung, auf Ressentiments solle man sich hier nicht einlassen. Der Präfekt zögert etwas, gibt ihm aber recht.

André möchte das so nicht hinnehmen, fühlt sich abgedrängt. Er überlegt kurz, hört sich dann sozusagen selbst zu, als er nachhakt: Mit Verlaub, Monsieur Le Préfet, noch ein Wort. Mein persönliches Beispiel mag als Scheinwerfer dienen. Ich wollte unseren Blick darauf lenken, dass die Technikkonstrukteure im KI-Bereich bei ihren Produktentwicklungen bisher viel Freiraum genießen. Es eröffnen sich Tür und Tor für illegale Manipulationen. Die Details lenken jedoch ab, erst der Blick mit gehörigem Abstand erschließt uns diesen Kontext. Darum geht es – danke für Ihr Verständnis.

Einige Köpfe nicken, darunter Frau Berghuber. Ansonsten wird geschwiegen und abgewartet. Oder?

Siehe da, es meldet sich Monsieur Le Maire zu Wort: Ich möchte direkt an Monsieur Ornschou anknüpfen. Wir profitieren in Mulhouse von einer originellen Aktion, die wir ihm verdanken. Es wurde aus Tausenden von Pixeleingaben ein sogenanntes ‚Wimmelbild' erzeugt. Das hat Furore gemacht. Ein neuer Blick auf die sozialen Verhältnisse in unserer Stadt. Plötzlich haben wir Signale empfangen, dass militante Gruppen existieren. Und nicht nur das: Wir konnten daraufhin auch deren verdeckte Kooperation nach Marseille ausfindig machen. Jetzt arbeiten wir an einer gezielteren Kommunalpolitik, die sozialen Verwerfungen müssen abgebaut werden, dringend. Dann spricht er das ‚algerische Haus' an: Monsieur Daoud, können wir mit Ihnen zusammen auch klären, inwieweit sich eine Gruppe von jungen Männern in Ihrer Einrichtung an militanten Organisationen außerhalb unseres Départements orientiert? – Selbstverständlich (mit Stirnrunzeln).

Niemand sonst nimmt dazu Stellung. André und Omar starren sich an, stumm. Omars Blick vor allem wirkt völlig reglos, ausdruckslos. So will keiner länger angeschaut werden. – Plötzlich beendet André die Konfrontation, die Luft ist raus. Kurze Abstimmung mit seinem ‚Coach', er erhebt sich und verlässt den Raum.

Wieder muss er eine Zeitlang warten, bevor Florian Faltin mit einer Geste leichter Erschöpfung aus dem Hotel tritt, ihn kurzerhand in sein Fahrzeug bittet. Es reicht jetzt, doch es hat genutzt, grinst er und fährt los. Die Übrigen wollen hier noch zusammen speisen, das fand ich etwas schief. Doch von Monsieur Le Préfet muss ich noch berichten, er holte zu einem Überraschungscoup aus.

Er hat den Kontext geöffnet, hat dramatisiert. Es ging ihm um konkrete Fortschritte zu einer umfassenden Selbstbegrenzung. Dazu nannte er neue Kriterien für eine genügsame Lebensweise, wie er sagte, und zwar vom Einpersonenhaushalt bis zu den finanzstärksten Gruppen. Natürlich fingen gleich zwei, drei an, daran herumzumäkeln. Er wartete stumm fünf Minuten, dann schnitt er ihnen mit einer energischen Handbewegung das Wort ab.

F. F. lacht. Genug jetzt, rief der Präfekt, was Bedenkenträger vorzubringen haben, das kenne ich alles, *complètement.* Sie wissen, dass meine Aufforderung dringend nötig ist. Schreiben Sie sich das auf die Fahnen und hängen Sie Ihre Fahnen in den Wind, sie sollen es weitertragen! Er möchte die Infrastrukturen stärken, er möchte Allianzen schmieden.

Florian Faltin ist tatsächlich verblüfft. Und André jetzt ebenfalls, er hat *Le Préfet* unterschätzt, wie ihm das schon häufiger passiert ist. Dabei weiß er doch überhaupt nichts über ihn. Als übernehme sein Vorurteil die Regie: Ich muss mir selbst misstrauisch sein – und ich bin unfair.

Plötzlich überfällt ihn ein ganz anderer Gedanke: War ich vielleicht damals beim heftigen Streit mit Isabel auch von meinem Vorurteil gelenkt? Schon tauchen in seinen Gehirnwindungen die Mannheimer Szenen auf, fahrig, bruchstückhaft. Habe ich, in meiner aufgewühlten Verfassung, etwas übersehen bei den Abläufen? Sollte ich nicht nochmals nachfragen, bei meiner Rückreise dort vorbeischauen? F. F. schaut ihn an: Sie sind mit Ihren Gedanken schon woanders, stimmt's?

AUFBRÜCHE MIT FEST

André begibt sich ans nahegelegene Rheinufer, sucht sich eine kleine Bank und beginnt die Abschrift von Isabels Telefonaten zu lesen. Endlich hatte er die Kripo in Mannheim angerufen und nachgefragt. Die bohrenden Fragen mussten aufhören. Dort herrschte große Verblüffung – doch dann der Hinweis, man werde in den Akten nach einer Mitschrift von Isabels letzten Anrufen forschen. Eine solche Mitschrift werde öfters gemacht, weil die Daten auf dem Handy selbst rasch gelöscht wären. Allerdings brauche es dazu eine richterliche Anordnung, die den Mobilfunk-Provider verpflichtet, die Daten herauszugeben. Und siehe da: Diese Anordnung lag tatsächlich vor. Unglaublich! Jetzt hält er den Auszug über die Telefonate, zusammen mit dem Vermerk ‚lückenhaft', in der Hand.

Je mehr er damit vorankommt, desto unruhiger und aufgebrachter reagiert er, einmal schlägt er sich auf die Stirn, richtet sich auf – und sinkt schließlich wieder auf seinen Sitz. Das hatte er nicht erwartet, das würde alles in neuem Licht erscheinen lassen.

Offensichtlich hatte Isabel auf ihrer überstürzten Autofahrt zweimal ihren Bruder Omar angerufen. Das erste Mal nur kurz, keine Verbindung. Einige Minuten später ein zweiter Versuch, da ging er ran. Sie schilderte ihm ihre Not und erbat seine Hilfe. Er schwieg dazu. Als sie ihn weiter drängte und aufforderte, ihr beizustehen, wies er sie mit wenigen Sätzen ab. „Du brauchst mich nicht, wir sind seit Jahren ohne Kontakt. (Pause) Ich treffe mich jetzt mit meinen Geschäftspartnern. Ruf nicht mehr an." Und Schluss.

Klar, dass Isabel daraufhin noch empörter, noch überdrehter reagierte, sich noch verlorener vorkam. Sie muss mit verweinten Augen in ihrem Wagen vorwärtsgeprescht sein, fast blind vor Tränen und Wut. Und dann bricht jäh das Unwetter los. Sie aber bleibt nicht stehen, sie rast weiter – und sieht nicht den herabstürzenden Baum, der ihren Wagen voll trifft. Entsetzlich, keine Chance! Die später Hinzueilenden und zwei Rettungsleute konnten aus dem zerquetschten Fahrzeug nur noch eine Tote bergen. So stand's im Protokoll.

Alles bricht wieder auf. Wie war ihre gemeinsame Zeit damals? Kann er heute sagen, wie sie tatsächlich war und wie sie beide sie tatsächlich erlebt haben? Zeitschichten schieben sich zwischen ihn und dem Geschehen damals, ein dichter Schleier. Er spürt bis heute den Schock, der sein Leben beschädigt hat. Auf diese Weise die eigene Frau zu verlieren, bleibt unbegreiflich. Von dem letzten Tag meinte er immer, er würde ihn in allen Einzelheiten nachvollziehen können. Aber stimmt das?

Oft glaubte er sich daran zu erinnern, dass er damals das Leichte und Lockere ihres gemeinsamen Lebens wie weggeblasen empfunden hatte. Freunde zogen sich zurück. Woher kam eigentlich dieser Eindruck, Isabels Wesen habe sich durch eine Art von Lebensangst verdüstert? Als fühlte sie sich bedrängt und alleine? Oder hatte sie womöglich doch einen Weg gefunden, sich auf neue Weise zu öffnen, berührend, betastend – und er hatte das nicht bemerkt? Das ausbleibende Begehren.

An dem bewussten Tag: ihr Ärger in der Praxis, sein Frust bei einigen Recherchen – vor allem aber der Zankapfel Adoption. Sie wollte einen algerischen Jungen adoptieren, anstelle des zweiten eigenen Kindes, das sie sich mit vierzig Jahren nicht mehr vorstellen konnte. Und er? Plötzlich war der Streit entbrannt, heftig und verletzend. Hin und her, bis er sie angebrüllt hatte – da war sie verstummt, hatte ihn nur angestarrt und nach ihrer Jacke gegriffen. Die kleine Tochter Ulrike war weinend aus dem Kinderzimmer gekommen. Und ihre Mutter? War empört zur Tür geflohen, sein lautes Rufen war verhallt, ohne Reaktion.

Hatte er sie getrieben? Hatten die ersten Anzeichen davon, einander zu verlieren, ihn überrumpelt? Warum eigentlich war er so vehement dem Adoptionswunsch entgegengetreten? Ein Wahn? Er hatte sich schuldig gefühlt. Und weiß jetzt noch: Wie sehr hätte er sich eine plötzliche Entkrampfung, ein befreiendes Auflachen, eine Überblendung gewünscht. Die Wut hätte sich doch nahtlos in Einverständnis verwandeln lassen sollen.

Als er mit seinem Gepäck auf dem Mannheimer Bahnhof steht, zögert er. Seine Reiseroute ist nicht geklärt. In einem Stehimbiss trinkt er einen doppelten Espresso, leider erzwingt der noch keinen Impuls. Zwei Wege zum Ziel? Also dreht er im angrenzenden Stadtteil eine längere Runde, ohne Blick für Geschäfte oder hastende Leute. Eine Begegnung mit Franziska im Literaturtempel ist überfällig, doch in Berlin wird ihn Ulrike, vielleicht auch Uta erwarten. Soll ich's davon abhängig machen, welcher ICE zuerst fährt?

Mannheim – da fällt ihm auch wieder Sandra Lohse ein, die freundliche Medienwissenschaftlerin. Froh macht ihn das, er ist selbst erstaunt darüber, wie selbstverständlich er sich zu diesen neuartigen Musikthemen hingezogen fühlt. Ein weiteres Gespräch mit ihr ließ ihn noch kühner werden. Sie war bereit gewesen, konkret über seine Idee zu sprechen, die er in den letzten Wochen entwickelt hatte: Gibt's Filmmusik, kann's auch Textmusik geben! Was er genauer beschreiben konnte: Wir kennen ja alle die Hörbücher, es wäre doch möglich, soweit es passt, diese Texte zusätzlich mit Musik zu unterlegen. Und ähnlich ließe sich eine Reportage-Musik entwickeln, man liest den Text und gleichzeitig läuft eine CD mit passender Musik. Fast ungläubig hatte sie ihn angehört, bis sie schließlich kopfnickend auflachte und sie das Ganze im Detail durchgingen. In der halben Stunde war dreimal das Wort ‚erproben' gefallen, das klang lange nach in seinen Ohren.

In seinem neuen Berliner Domizil, einem kleinen Hotel an der Spree, telefoniert André mit Florian Faltin. Zwei Tage lang hatte er gezögert, jetzt ist er bereit. Er möchte sich seiner Erleichterung vergewissern, vielleicht hatte er im Überschwang in die Aufzeichnung von Isabels letzten Anrufen zu viel hineininterpretiert. Er will F. F. verdeutlichen, wie er den ganzen Hergang nun begriffen hat.

Ein guter Zuhörer, bestätigt zwischendurch mit ‚*vale*' und fragt dann langsam: Kennen Sie den Begriff ‚zirkuläre Kausalität'? Und als André nachfragt, erläutert er: Sie haben's ja schon angedeutet, das Geschehen schaukelt sich auf. Nehmen Sie vier Finger Ihrer Hand: Die Frau ist empört, startet riskante Autofahrt, sucht telefonisch Hilfe, wird abgewiesen. Daraufhin: Empörung steigert sich, Autofahrt wird noch riskanter, sie fühlt sich allein und hilflos, verunglückt im Unwetter. Andrés Puls schlägt schneller. Das bedeutet, fährt F.F. fort, was Sie ursprünglich als Auslöser mitverursacht hatten, nämlich dass sie empört abgehauen ist, wurde durch die Forcierung danach wesentlich stärker bestimmt – bis zum Ende.

André bedankt sich lebhaft, öffnet fahrig seinen Hemdknopf, ringt nach Luft. Kurz darauf fühlt er sich freier, das Bedrückende schwindet, als hätten sich seine Schuldgefühle endlich davongemacht.

Mit dieser Zuversicht besucht er Ulrike, es kann nicht bei Florian Faltins sachlichen Hinweisen bleiben. Da Navid sich für Dora zuständig erklärt, kann er ausführlich mit ihr reden. Er erzählt von den polizeilichen Informationen: Ich kann dir gar nicht sagen, wie erleichtert ich bin. Doch es fehlt dazu noch deine Sicht. Wie hast du das Drama verarbeitet, wie hast du mich dabei eingestuft? Oder hast du das alles perfekt verdrängt? Ach Papa! Sie reden nicht lange. Ulrike hat vor Jahren schon ihren Frieden gemacht, sie umarmen sich. André spürt, wie erleichtert auch seine Tochter ist. Über Omars schäbige Rolle sind sie sich einig.

Als er wieder in seinem Zimmer sitzt, dem Befreiungsgefühl und Ulrikes Worten noch nachsinnt, meldet sich Franziska. Das freut ihn, und er erzählt ihr von seiner Entdeckung. Sie hört sehr aufmerksam zu, einmal flüstert sie unvermittelt: der Sturmwind… André unterbricht sich, was meinst du? – Nichts weiter, mir fiel eine Szene ein aus Dantes ‚Commedia', da geht es um eine Francesca, seltsamer Zusammenhang… Vergiss es, erzähl weiter. Als er fertig ist, spricht sie ihm zu: Was für ein Geschenk, mein Schatz! Du wirkst so erleichtert. Und bist auch gut mit Ulrike. Du kannst jetzt wieder Neues angehen. Das hofft er auch.

Vielleicht passt dazu, fährt sie fort, was ich dich ohnedies fragen möchte: Könntest du mit mir für einige Tage nach Frankfurt am Main reisen? Er wundert sich. Im Grunde ist es ganz einfach: Ich möchte dir zeigen, wo ich in einigen Monaten arbeiten werde. Mit dem Literaturarchiv der Goethe-Universität bin ich einig geworden, das Romantikmuseum zögert noch. – Du willst also tatsächlich deine Schillerhöhe verlassen? – Im Prinzip ja, aber nicht so rasch. Zunächst als halbe Stelle, das heißt, jede zweite Woche, irgendwann wird es eine Entscheidung geben. Zwei Erkundungen möchte ich auch noch machen, schau doch mal, ob du mitkommen kannst. – Nämlich wohin? – Spanien und Portugal einerseits, Polen und Litauen andererseits.

Sie reden noch länger, und André ist froh darüber, er vermisst sie sehr, er braucht ihre Lebhaftigkeit, ihre Überraschungen, ihr sprühende Hingabe… Da ist er sich sicher. Und Uta? Wird die treue Freundin bleiben, sollten sich ihre Wege weiterhin kreuzen, und das wünscht er sich.

Er kann sich nun auch einen beruflichen Neubeginn vorstellen. Und macht sich auf den Weg zu Florian Faltins Domizil. Es gebe Dringendes zu besprechen, hatte er verlauten lassen; das könnte ihm eine Perspektive aufzeigen. Ein schöner Tag. Im Stadtteil Schmargendorf spielen Kinder mit einem Hund im kleinen Park, oben fliegt ein Vogelschwarm über den fast wolkenlosen Himmel – eine Frühlingsmunterkeit!

Weiter vorne trifft André unverhofft auf eine Demonstration vor der israelischen Botschaft. Er tritt hinzu, hängt sich seinen Presseausweis um und mustert die etwa hundert, meist jungen Leute. Einige halten Transparente hoch in Richtung des Botschaftsgebäudes, in Richtung der hohen hellen Fenster. Doch vorne ist die Anlage durch massive Zäune abgeschirmt. Manche fotografieren mit ihren Handys. Um was geht es? fragt er zwei junge Frauen mit einem Spruchband in offensichtlich hebräischer Sprache. Sie wirken locker und entschlossen: Die Wahl der Knesset, wir fordern eine andere Regierung. Israel braucht mehr liberale Parteien in der Regierung.

Als ihm auffällt, dass offenbar mehrere Kontrolleure durch die Reihen schlendern, ist es schon geschehen: Zwei weisen sich aus als Botschaftsbeamte, werfen kaum einen Blick auf seinen Presseausweis, stattdessen mehr auf seine Manschette, haken ihn plötzlich von beiden Seiten unter und führen ihn im festen Griff zum Eingangstor. Drinnen findet er sich in einem Vernehmungsraum wieder, eine Frau unterzieht ihn einem Verhör – flankiert von einem jungen Aufpasser, der die ganze Zeit reglos dabeisteht. Die Prozedur dauert mindestens eine Stunde, bis er ohne weitere Resultate entlassen wird; die Manschette ist mal wieder weg.

André trifft leicht verstört bei Florian Faltin ein und erzählt. Sie hätten ihn behandelt, als habe er einen Anschlag vorbereitet, misstrauisch, einschüchternd. Er sei körperlich bedroht worden, zum Glück ohne Folgen. Er habe nicht telefonieren können. Ich kümmere mich, antwortet F. F. etwas mürrisch, als er von der

Manschette erfährt. Können wir trotzdem unser Thema angehen? André nickt.

Die Berliner Ideenschmiede, unser Braintrust, bereits Urheber des Manschetten-Projekts, möchte eine neue Firma gründen. Sie würde, in Kooperation mit öffentlichen Medien, einen investigativen Journalismus betreiben, und dies – je nach Thema – mit internationaler Ausrichtung. Jetzt wirkt Florian Faltin erregt: Unsere Einrichtung ist in Aufruhr. Das haben Sie wahrscheinlich gar nicht mitbekommen. Die Leitung steht in engem Kontakt mit Think Tanks in den USA und in Japan. Der Anlass: Offenbar stehen globale Verschiebungen oder gar Bedrohungen bevor.

André starrt ihn an. F. F. neigt sich vor: Sie haben neulich mal im Gespräch den Begriff *‚Mentalitätsbeben'* erwähnt, wissen Sie noch? Es könnte sein, wir steuern auf eine Art *‚Sicherheitsbeben'* zu. Es gerät zu viel außer Kontrolle, es gibt Übergriffe. Soll heißen: Unsere neue Firma mit investigativen Studien müsste sich weiträumigeren Krisen zuwenden. Nebenbei: Der Begriff Think Tank ist während des Zweiten Weltkriegs geprägt worden, es sollten militärische Strategien an einem geschützten Ort entworfen werden.

André reißt jetzt die Augen auf und ruft: Stopp! Das ist doch verrückt, bin ich im falschen Film, wovon reden Sie?! Wachsen nun andere Mächte empor, Mächte, bei denen ihn das Gefühl ankommt, er könne dazu nichts, aber auch gar nichts beitragen?

Florian Faltin beruhigt ihn, öffnet das Fenster, bietet Kaffee an mit Gebäck, nickt ihm aufmunternd zu und sagt mit großem Ernst: Ich werde einen Rechercheverbund leiten, das ist entschieden. Und ich wünsche mir Ihre Mitarbeit. Als André antwortet, das sei ihm ein paar Nummern zu groß, nickt er wieder. Richtig, alles sehr weitgespannt. Aber wir können kaum noch regionale oder nationale Themen angehen, das ist die neue Realität. Dennoch soll unser Verbund eine Besonderheit enthalten: Er soll die Recherchen so anlegen, dass vor allem Zusammenhänge, Gefährdungen, Ausblicke für die *„commons"* sichtbar gemacht werden, also für die öffentlichen Güter im realen Zusammenleben der Menschen. Sie sollen maßgebend sein für die Beurteilung der untersuchten Zustände, sie dienen als Gradmesser.

Und er argumentiert weiter mit Bildern und Szenen, über Einrichtungen wie Schulen, Stadtwerke, Bundesbahn, Brücken.

Sie seien oft als überaltert oder überfordert einzustufen. Ebenso entstünden etwa durch Unwetter, Anschläge oder die Manipulierung digitaler Vorgänge Sicherheitsrisiken. Viele Menschen würden inzwischen einen stark überfordernden Alltag erleben, als bewohnten sie eine aus den Fugen geratene Welt. Die Auseinandersetzungen würden heftiger, egoistischer, und sie würden immer mehr auf der Straße ausgetragen.

Also: Der Rechercheverbund deckt auf, er kann Konkretes dazu beitragen, durch praktische Beispiele – das wollen wir. Die neue Praxis dann auszuhandeln, das betreiben andere.

Durch diesen speziellen Bezug fühlt sich nun André doch in leichten Schwung versetzt. Immer wieder geht ihm dazu das kleine Erlebnis mit dem Forstrat Gutbrod im Wald durch den Kopf, eine investigative Recherche über die dort erwähnte Stiftung würde ihm richtig Spaß machen. Und erst recht über diese Basel-Connection… Mit zwei anderen zusammen würde er Informanten aufsuchen, Daten beschaffen sowie die Ergebnisse nach Freigabe in den Medien kommunizieren. Und manchmal könnte wohl auch Martin G. aus dem Elsass mitwirken; das wäre eine Freude!

Seit ihrem Treffen in Colmar pflegen sie ihre Verbindung. Kürzlich hatte er ihm die kleine Strophe eines elsässischen Mundartautors geschickt: *„wésse welle mer wås mer sen gsen – wésse welle mer wer mer sen – eerscht nô kenne mer bstémme – wås mer welle ware."* Und André konnte rasch übersetzen: *„Wissen wollen wir, wer wir gewesen sind – wissen wollen wir, wer wir sind – erst dann können wir bestimmen – was wir werden wollen."* Ein kluger Spruch.

* * *

Heute, Sonntag, wird nun das GEBURTSFEST über die Bühne gehen. ‚Vitalität heißt blühendes Leben' haben Ulrike und Navid als Motto ausgegeben. Wie gerne sie alle gekommen sind! Auch Uta erhielt eine Einladung, befindet sich aber zurzeit auf Reisen mit ihrem Sohn.

Als André an diesem Tag Ulrikes Wohnung betreten hat und ihre bunten Vorbereitungen sieht, ist er geradezu begeistert. Er fühlt sich innerlich befreit (mit Franziska im Geleit) – und mit klarem ‚Ja' zu seinem beruflichen Wechsel. Freudig würde er jetzt mit den anderen zusammen das Geburtsfest zu Doras Ehre, zu Ulrikes und Navids Ehren mitfeiern. Es ist ihm, als könne er seinem Leben, nach all den Etappen des vergangenen Jahres, einen neuen Schub geben.

Hier nun geschieht etwas Unfassbares: Während der Kreis aus einem Dutzend Leuten feiernd beisammensitzt, lachend, schmausend und trinkend, ein paar auch tanzend, springt die Tür auf, und zwei Männer stehen unter dem Türrahmen. Wie Vater und Sohn wirkt das auf den ersten Blick, doch dann sehen alle, die jetzt stumm dorthin starren, dass sie nichts gemein haben.

Ulrike reagiert zuerst, stellt die Musik ab und begrüßt die beiden, freundlich, mit einem leichten Zögern. André rappelt sich auf, hat er doch soeben mit der kleinen Dora zu spielen versucht. Was geschieht da? Er ist völlig verblüfft, kneift die Augen zusammen, als sehe er eine Gefahr auf sich eindringen. Die eine Gestalt, wie ein Phantom –, es wird sich aber auf ihn stürzen…

Ulrike sagt, zu den anderen gewandt: Das ist Florian Faltin, der das Manschetten-Projekt betreut hat, und mit ihm kommt Maruan ibn Omar, er ist mein Cousin (kleine Pause, tiefes Ausatmen); sie wollen mitfeiern, und ICH BIN EINVERSTANDEN.

Ein Schock! Dass F. F. eingeladen wurde, war klar, dass er aber in dieser Begleitung auftauchen würde, hätte sich André in seiner wildesten Phantasie nicht vorstellen können. Und Ulrike muss davon gewusst haben. Ausgerechnet Maruan, Omars Sohn, der ihn geschlagen hat, dem er die Hand verkrüppelt hat: Soll ich ihm die Hand reichen, soll er Ulrike und Dora umarmen, soll er mit uns feiern?

Maruan überreicht der jungen Mutter und Navid eine silberne Schale, die für eine dicke Kerze oder ein anderes Gesteck ausgearbeitet ist, wirklich schön – und er gratuliert lächelnd zur Geburt von Dora. Auch Florian Faltin gratuliert, mit leichter Verbeugung, und überreicht einen Strauß mit Frühlingsblumen. Inzwischen steht André da und wartet, im Raum breitet sich Schweigen aus. Da bricht F. F. den Bann und sagt: Kommen Sie, André, wir setzen uns mal zuerst in die Küche. Und sie gehen zu dritt, Ulrike wirft hinterher: Ich komme nach. Da löst sich die Anspannung, die anderen feiern weiter.

In der Küche schenkt F. F. für jeden eine Tasse Kaffee ein, die Kanne steht schon bereit, dazu ein Glas Wasser. Ich habe, wendet er sich an André, nach unserem Treffen in Basel etwas über Omars

Sohn ausfindig machen wollen, es war mir so, als könne das wichtig sein. Ich erinnerte mich auch an die Attacke auf Sie und an Ihren Bericht über Mulhouse. Nun bin ich vor wenigen Tagen mit Omars Sohn in Kontakt gekommen, und zwar hier in Berlin. Er hat sich vertraulich an mich gewandt, irgendwie konnte er sich in Basel meine Handynummer verschaffen. Er schaut Maruan an.

Der wendet sich jetzt an André, leise, streicht kurz über seinen schwarzen Bart, der gestutzt ist. Er redet französisch mit *accent*: Ich bin froh, dass ich heute hier sein kann. Es ist mir klar, dass Sie das nicht verstehen können. Was mich hierherführt, ist die Schande. Sie verfolgt mich seit Wochen. Jetzt, mit Hilfe von Monsieur Faltin, traue ich mich, davon zu sprechen. André schweigt.

Maruan: Ich bedaure sehr, wir hätten das nicht antun dürfen, niemals – und jetzt in zögerndem Deutsch und mit festem Blick: Ich – erbitte – Ihr – Verzeihen. Er schluckt: Mein Vater – er ist das Befehlen gewohnt, ich bin das Befolgen gewohnt. Doch inzwischen habe ich verstanden. Er ist egoistisch, er ist ein *méchant* – ein Fiesling, ein Bösewicht, wirft André ein, und F. F. nickt. – Er ist ein beziehungsloser Mensch. Und das sage ich, obwohl er regelmäßig Kulturarbeit fördert. Damit verhüllt er das Entscheidende: seine zwanghaften Kontrollen. Ich werde aus Mulhouse wegziehen, deshalb bin ich hier. Vielleicht kann auch Ulrike helfen. – Seit wann haben Sie Kontakt zu Ulrike? fragt André. Nur kurz, seit ich mit Monsieur Faltin Kontakt habe.

Ich fass es nicht! André schaut zu F. F., der schweigt. Dann zu Maruan: Heißt das, Sie wollen sich von Omar lossagen? – Ja. – Ich verstehe noch nicht: Warum überhaupt? Für Sie selbst und für den Anderen, der auf mich eingeschlagen hat, gab es doch keinerlei Grund, mich zu attackieren. Sie waren nur Befehlsempfänger, beauftragte Schläger, warum? – Mein Vater verfügt über ein Netz von Kontakten bis hierher. Seit einiger Zeit gibt es engere Kontakte zwischen jungen Männern algerischer Herkunft in Mulhouse und ein, zwei Berliner Clans. Und ein Clan hatte diesen Menschen mit der Posaune ausgeguckt, ich weiß nicht mal, wie er heißt. Dem wurden wir zugeteilt, und ich gestehe: Es gab mehrere solche Einsätze für uns. – Wer war der Andere? – Er stammt auch aus Mulhouse, lebt aber inzwischen fest in Berlin, mit Clan-Anschluss. – Wie konnten Sie wissen, dass ich an dem Tag dorthin kommen würde? – Ein rascher Blick von Maruan zu Faltin: Ihre Manschette wurde ausgespäht, lange schon. F. F. bestätigt: Ja, seit Basel wissen Sie, André, dass wir das zurückverfolgt haben. Inzwischen sind alle Manschetten neu programmiert, erst jetzt ist Ihr Gerät sicher.

Da kommt Ulrike dazu. Sie wirkt aufgeräumt und froh, schaut die drei Männer prüfend an. Wir feiern, sagt sie, wir feiern die Geburt von Dora, ein prima Anlass ist das, um mit den alten Anschuldigungen und Vorwürfen aufzuräumen. Werdet ihr das schaffen? F. F. sagt: Es geht voran. Sie schaut vor allem auf André und Maruan.

André weiß, er sollte jetzt bekennen, doch er wendet sich nochmals an Maruan: Sag mir genauer, wie's zu deinem Sinneswandel gekommen ist. Was hat den Ausschlag gegeben? Maruan schaut ihn an, und das erste Mal huscht ein Lächeln über sein dunkles Gesicht. Du wirst es kaum glauben, antwortet er und hält seine linke Hand hoch, aber diese Wunde, diese Schmerzen, diese verkrüppelte Hand – ich habe eines Tages schlagartig erkannt, dass ich immer wieder in böse Situationen gebracht wurde. Ich sollte immer wieder andere Menschen schikanieren, sogar verletzen. Seit vielen Monaten hatte Omar mich auch auf die Bespitzelung des algerischen Hauses angesetzt, er wollte jede Woche Bericht haben. Und er hat mich bezahlt.

Jetzt wusste ich plötzlich: Das war es nicht wert, das war falsch. Sollte ich als Spitzel, als Angreifer, als Bösewicht mein Leben führen? Als du, André, mich in der Markthalle voller Zorn attackiert hast, da wurde mir klar: Wir hatten dich zu Unrecht in die Enge getrieben und verletzt, ich war nur der Vollzieher einer Rache, die sich Omar ausgedacht hatte, so seh ich's. (leise) Ich schämte mich. André murmelt: Für die Messerattacke bitte auch ich um dein Verzeihen.

Ein Schweigen setzt ein. Es wird ein längeres Schweigen. Jetzt schwingt sich der Erzähler dieser ganzen Geschichte auf und flüstert Ulrike ins Ohr, lässt sie wissen, dass Maruan und André jetzt, genau in diesem Augenblick, innerlich bereit sind. Da gibt sie sich einen Ruck, streckt beide Hände nach vorne und wirbt um die zwei Männer. Aus ihrer Rocktasche holt sie eine Scheibe Brot heraus, frisch gebacken. Sie bricht das Brot, in drei Teile, zwei Stücke gibt sie André und Maruan, das dritte nimmt sie selbst – und sie essen gemeinsam. Florian Faltin ist Zeuge. Dann erklärt sie feierlich:

Jetzt seid ihr als Versöhnte bei unserem Fest willkommen. Und ich bin sehr gespannt, wie ihr in Zukunft zueinander stehen werdet.

Kurz darauf kehren die vier zu den anderen im Wohnzimmer zurück. Ulrike freut sich und lacht, das Mühevolle hat sich gelegt. André und Maruan haben nebeneinander Platz genommen, und wie selbstverständlich streift Andrés linker Arm Maruans Schulter, der lächelt. Da tritt Florian Faltin hinzu und sagt: Wir sehen, unsere Vergangenheit ist keine lebenslange Strafe, sie ist aber eine gute Lektion. Und dann fröhlich: Wir können jetzt wirklich ausgelassen feiern.

EPILOG

André erhält vom Manschetten-Projekt eine Suchanzeige zugesandt: ein Foto, auf dem Omar Saadi abgebildet ist. Er wirkt darauf so, als wolle er sich um ein anspruchsvolles Amt bewerben und seine Solidität herausstellen. Dazu ein kurzer Text, dass über den momentanen Verbleib des Genannten dringend Hinweise erbeten werden. Der Absender bleibt verborgen, angegeben ist lediglich eine Chiffre.

Es taucht die Nachricht über eine neue Seuche in einer chinesischen Provinz auf. André schafft es, in einem Pulk von aufgescheuchten Journalistinnen und Journalisten an einer Pressekonferenz der Charité dabei zu sein. Der bekannte Virologe bemüht sich, die Lage souverän einzuschätzen, möglichst unaufgeregt.
Er kommentiert, die Seuche sei entweder über Tiere oder durch eine Panne im Forschungslabor verbreitet worden – derzeit unklar! Viele Todesfälle. Strenge Isolierungsmaßnahmen.

Bald darauf wird öffentlich der Begriff „Pandemie“ benutzt, die Seuche ist räumlich nicht eingrenzbar. Vier Tage später erste staatliche Maßnahmen in Deutschland. Es heißt, es gebe weder Impfstoffe noch Medikamente. Schlechte Aussichten. Im Moment bleibe nur, sich der Seuche mit vollem Risiko auszusetzen oder sich bei positivem Test strikt in Quarantäne zu begeben. Wenn man das, sinniert André, konsequent zu Ende denkt, kann einem nur schw… werden – nein! Er spürt eher, als entgleite ihm seine bisher vertraute Welt völlig, als springe die Zeit, ins Irreale.

Eher wie ein Rettungsring erscheint ihm da das Abschlussgespräch zum Manschetten-Projekt. Die Testpersonen und die Projektleitung tauschen sich in den Räumen des Braintrust aus. André ist verblüfft, dass das, was die Beteiligten an Neuorientierung, an Impulsen gewonnen haben, recht kurz kommt. Mehr Raum nimmt die Manschetten-Kritik ein, das Gerät habe sich leider als manipulierbar erwiesen: Wir arbeiten mit Hochdruck dran, wir wechseln den Hersteller, wir bauen Kontrollen ein.

Was ist von seinen Wünschen im Sozialexperiment geblieben? Wo fand er den ‚heiligen Geist' der Journalisten? Er hatte, wie er es wollte, Testperson und Korrespondent miteinander vermischt. Konnte er an die Seriosität seiner Gesprächspartner, an ihre Schilderungen, an die neu erlebten Ereignisse wirklich glauben? Überfielen ihn nicht immer wieder Zweifel? Ja, der Glaube kann Berge versetzen, so die Redensart. Das trägt aber nicht, wenn man im Diffusen recherchieren soll. Auch wollte er immer wieder auf die ‚Hoffnung' setzen, auf eine Dynamik, die sich zum Besseren hinbewegt. Zuversichtlich klingt das, dafür steht nun häufiger auch die kleine Dora. Doch allzu oft, das kennt er, wird die Hoffnung fahren gelassen.

Im Ergebnis bildet sich nun für André ein Resümee heraus. Er formuliert es so: Mir ist mein Eigensinn wichtig, ich möchte etwas ausfindig machen und dabei ein Freiheitsgefühl erleben. Ich will mich nicht darum scheren, was andere treiben und vorgeben, ich möchte selbst meine weitere Wegstrecke bestimmen. Ja, so mach ich's.

Wobei er nun immer wieder aufs Neue an seine Enkelin denkt, sichergehen will, sie öfters zu sehen, ihre raschen Fortschritte zu bewundern, ihr vertrauensvolles Lächeln zu genießen, indessen voller Zweifel, ob diese neue Generation vielleicht etwas ausbaden muss, was wir Vorherigen angerichtet haben, ob sie vor allem mit den Herausforderungen und Krisen, dem Klimawandel, den Gewaltkonflikten, den Migrationsproblemen zurechtkommen kann. Wieder spürt er die springende Zeit, das Irreale, jetzt auch einen Sog ins Ungewisse.

Welchen Weg ins Offene wird André Hornschuh wählen? Kann er in einem überschaubaren Umfeld investigativ tätig werden oder muss er sich dem ‚Sicherheitsbeben' stellen? Er berät sich mit Franziska, er berät sich mit seinem Kollegen Dan, er berät sich mit Tochter Ulrike. Oder könnte er eine zweite Auszeit nehmen und sich mit Sandra Lohse der Musik zuwenden?

Er besucht zu früher Stunde eine Ausstellung mit Werken von Anselm Kiefer. Nach dem Einlass, beim Öffnen der schweren Tür, lächelt er: Der nächste Schritt ist der durch die Tür, sagt ein Sprichwort. Und er ahnt, danach ist alles anders.

* * *

Im Gedenken an André Chademony alias Arthur Feldmann (1926 – 2012) und seine Familie; er hat in seinem Vermächtnis noch letzte jüdische Siedler in Lemberg/Galizien (Lwiw) unterstützt.

NACHWEISE

Seite 59 **„Der goldene Schlüssel"**, in: Kinder- und Hausmärchen gesammelt durch die Brüder Grimm, Dritter Band, Frankfurt a.M. 1974 (Insel-Verlag), S. 258/59;

Seite 86 ***„Dum spiro spero"***, lat. Ausdruck: solange ich atme, hoffe ich;

Seite 112 Bei der Schilderung des **algerischen Hauses** ließ ich mich inspirieren von Martin Mosebach, Mogador, Hamburg 2016

Seite 159 ***„wésse welle mer"***, in: *‚schang d sunn schint schun lang'* von André Weckmann, Strasbourg et al. 1975, S. 43

LITERATUR ZU DEN HISTORISCHEN TEXTABSCHNITTEN

Augias, Corrado: Die Geheimnisse Italiens,
München 2014 (Milano 2012)

Bausinger, Hermann: Der herbe Charme des Landes,
Tübingen 2011

Borst, Otto: Die heimlichen Rebellen.
Schwabenköpfe aus fünf Jahrhunderten, Stuttgart 1980

Borst, Otto: Geschichte Baden-Württembergs,
Stuttgart 2004

Burckhardt, Jacob: Die Kultur der Renaissance in Italien,
Stuttgart 1966

Frei, Alfred Georg und Kurt Hochstuhl: Wegbereiter der Demokratie. Die badische Revolution 1848/49. Der Traum von Freiheit,
Karlsruhe 1997

Geuenich, Dieter: Geschichte der Alemannen,
Stuttgart 2005

Harpprecht, Klaus: Georg Forster oder Die Liebe zur Welt,
Reinbek 1987

Junghans, Siegfried: Sweben, Alamannen und Rom,
Stuttgart 1986

Lahnstein, Peter: Württemberg anno dazumal,
Stuttgart u.a. 1980

Pinthus, Kurt: Der Zeitgenosse,
Marbach 1971

Raff, Gerhard: Die Schwäbische Geschichte,
Stuttgart 2000

Reemtsma, Jan Philipp: Christoph Martin Wieland,
München 2023

Sebald, W. G.: Schwindel. Gefühle,
Frankfurt a.M. 1994 (1990)

Skasa-Weiß, Eugen: Deutschland deine Franken,
Hamburg 1971

De Staël, Germaine: De l'Allemagne,
Londres 1813

Waßner, Manfred: Kleine Geschichte Baden-Württembergs,
Stuttgart 2002

Weinacht, Paul-Ludwig (Hrsg.), Baden – 200 Jahre Großherzogtum,
Freiburg 2008

Wikipedia, Texte zu „Staufer", „Schwäbische Hohenzollern"

DANK

Ich bedanke mich für Mithilfe und Korrekturen bei Michael Charlton, Caroline Gärtner, Ulf Matthiesen, Brigitte Mossbrucker – und natürlich besonders bei der Einen, die mir für mein Schreiben immer Zuspruch gewährt und Geduld bewiesen hat.